LA LLAVE MAESTRA

CHARLES F. HAANEL

LA LLAVE MAESTRA

24 lecciones
para alcanzar
el éxito y la prosperidad

EDICIONES OBELISCO

Si este libro le ha interesado y desea que le mantengamos informado
de nuestras publicaciones, escríbanos indicándonos qué temas son de su interés
(Astrología, Autoayuda, Ciencias Ocultas, Artes Marciales, Naturismo,
Espiritualidad, Tradición...) y gustosamente le complaceremos.

Puede consultar nuestro catálogo en www.edicionesobelisco.com

*Los editores no han comprobado ni la eficacia ni el resultado de las recetas, productos,
fórmulas técnicas, ejercicios o similares contenidos en este libro. No asumen, por lo tanto,
responsabilidad alguna en cuanto a su utilización ni realizan asesoramiento al respecto.*

Colección Éxito
LA LLAVE MAESTRA
Charles F. Haanel

1.ª edición: marzo de 2026

Título original: *The Master Key*

Traducción: *Verónica d'Ornellas*
Maquetación: *Imelda Hernández Simón*
Diseño de cubierta: *Mònica Gil Rosón*

© 2026, Ediciones Obelisco, S.L.
(Reservados los derechos para la presente edición)

Edita: Ediciones Obelisco, S.L.
Collita, 23-25. Pol. Ind. Molí de la Bastida
08191 Rubí - Barcelona - España
Tel. 93 309 85 25
E-mail: info@edicionesobelisco.com

ISBN: 978-84-1172-373-2
DL B 9.077-2016

Impreso en España en los talleres gráficos de Romanyà/Valls S.A.
Verdaguer, 1 - 08786 Capellades (Barcelona)

Printed in Spain

Prólogo

Algunas personas parecen atraer el éxito, el poder, la riqueza y la realización con muy poco esfuerzo consciente; otras lo conquistan con gran dificultad, mientras que algunas no consiguen alcanzar lo que ambicionan, sus deseos y sus ideales. ¿A qué se debe esto? ¿Por qué algunas personas realizan sus ambiciones con facilidad, otras con dificultad y otras no lo consiguen en absoluto? La causa no puede ser física, puesto que entonces las personas más perfectas físicamente serían las que tendrían más éxito. La diferencia, por lo tanto, debe de ser mental; por ende, la mente debe de ser la fuerza creadora, debe de constituir la única diferencia entre las personas. Es la mente, por lo tanto, la que supera al entorno y todos los obstáculos que hay en el camino del ser humano.

Cuando el poder creador del pensamiento se comprenda plenamente, se verá que su efecto es maravilloso, pero estos resultados no se pueden obtener sin la aplicación, la diligencia y la concentración adecuadas. El estudiante descubrirá que las leyes que gobiernan el mundo mental y espiritual son tan fijas e infalibles como las del mundo material. Para garantizar los resultados deseados, entonces, es necesario conocer las leyes y acatarlas. Se verá que una obediencia adecuada de la ley producirá los resultados deseados con una exactitud invariable. El estudiante que aprende que el poder proviene de su interior, que su debilidad se debe únicamente a que ha estado dependiendo de la ayuda del exterior, y se lanza sin dudarlo sobre sus propios pensamientos, se endereza al instante, se mantiene erguido, adopta una actitud dominante y hace milagros.

Es evidente, por lo tanto, que quien no consiga investigar plenamente y sacar provecho de los maravillosos progresos que se están realizando en esta última y gran ciencia, pronto se quedará tan atrás como la persona que se niega a reconocer y aceptar los beneficios que ha recibido la humanidad al comprender las leyes de la electricidad.

Ciertamente, la mente crea circunstancias negativas con la misma facilidad con que crea circunstancias favorables. Cuando visualizamos, consciente o inconscientemente, algún tipo de carencia, limitación o discordia, creamos esas condiciones –eso es lo que muchas personas están haciendo todo el tiempo, inconscientemente.

Esta ley, como todas las demás leyes, no tiene en cuenta a las personas, sino que está en funcionamiento continuo y entrega implacablemente a cada individuo exactamente lo que éste ha creado; en otras palabras, «lo que el hombre siembre, también cosechará».

La abundancia, por lo tanto, depende de un reconocimiento de las leyes de la Abundancia y del hecho de que la Mente no sólo es la creadora, sino que es el único creador que hay. Ciertamente, no podemos crear una cosa si no sabemos que puede ser creada y, en consecuencia, hacemos el esfuerzo adecuado. Hoy en día, no hay más electricidad en el mundo que la que había hace cincuenta años, pero no empezamos a recibir sus beneficios hasta que alguien reconoció la ley por la cual puede ser aprovechada; ahora que esta ley ha sido comprendida, ilumina prácticamente todo el mundo. Lo mismo ocurre con la ley de la Abundancia: sólo aquellos que reconocen la ley y se colocan en armonía con ella comparten sus beneficios.

Actualmente, el espíritu científico domina todos los campos de esfuerzo y las relaciones de causa y efecto ya no son ignoradas.

El descubrimiento de una parte de la ley marcó una época en el progreso humano. Eliminó el elemento de incertidumbre y capricho en las mentes de las personas y lo sustituyó con ley, razón y certeza.

Ahora el hombre comprende que para cada resultado hay una causa adecuada y concreta, de manera que cuando desea un determinado resultado, busca la condición mediante la cual sólo puede obtener dicho resultado.

La base sobre la que descansa toda ley fue descubierta mediante un razonamiento inductivo que consiste en comparar una serie de casos independientes hasta que se encuentra el factor común que da origen a todos ellos.

A este método de estudio deben las naciones civilizadas la mayor parte de su prosperidad y la parte más valiosa de sus conocimientos. Ha prolongado la vida, ha mitigado el dolor, ha tendido puentes sobre ríos, ha iluminado la noche con el esplendor del día, ha ampliado el alcance de la vista, ha acelerado el movimiento, ha vencido la distancia, facilitado las relaciones y ha permitido al hombre internarse en el mar y en el aire. No es de extrañar, entonces, que poco después el ser humano haya procurado extender los beneficios de este sistema de estudio a su método de pensamiento, de manera que, cuando fue absolutamente evidente que ciertos resultados eran consecuencia de un determinado método de pensamiento, lo único que quedaba por hacer era clasificar dichos resultados.

Este método es científico y es el único método por el cual se nos permitirá conservar el grado de libertad que hemos estado acostumbrados a considerar como un derecho inalienable, porque un pueblo está seguro en casa y en el mundo únicamente si el estado de preparación nacional implica cosas como salud rebosante, eficiencia en cualquier tipo de negocios públicos y privados, avances continuos en la ciencia y en el arte de actuar conjuntamente, y el esfuerzo crecientemente dominante de hacer que todas estas cosas y todos los demás aspectos del desarrollo nacional se centren y giren en torno a mejorar la vida individual y colectiva, para lo cual la ciencia, el arte y la ética proporcionan motores de orientación y de control.

La Llave Maestra se basa en verdades científicas absolutas y desplegará las posibilidades que están inactivas en cada individuo, enseñándole a llevarlas a una acción poderosa para aumentar su capacidad efectiva, aportando una energía, un discernimiento, un vigor y una elasticidad mental añadidos. El estudiante que comprenda las leyes mentales que se desarrollan llegará a poseer la capacidad de asegurarse unos resultados con los que hasta ese momento no había ni soñado, y cuyas recompensas son difíciles de explicar con palabras.

Este libro explica el uso correcto de los elementos receptivos y activos de la naturaleza mental e instruye al estudiante en el reconocimiento de las oportunidades, fortalece los poderes de la voluntad y el razonamiento y enseña el cultivo y los mejores usos de la imaginación, el deseo, las emociones y las facultades intuitivas. Proporciona iniciativa, tenacidad de propósito, sabiduría para elegir, comprensión inteligente y un profundo disfrute de la vida en sus planos superiores.

La Llave Maestra enseña el uso del verdadero Poder de la Mente, no alguno de sus sustitutos y perversiones. No tiene nada que ver con el hipnotismo, la magia o cualquiera de los engaños más o menos fascinantes con los que muchas personas son llevadas a pensar que se puede obtener algo a partir de nada.

La Llave Maestra cultiva y desarrolla una comprensión que te permitirá controlar el cuerpo y, en consecuencia, la salud. Mejora y fortalece la Memoria. Desarrolla la Percepción: ese tipo de Percepción que es tan poco frecuente, ese tipo que es la característica distintiva de toda persona de negocios de éxito, ese tipo que permite que la gente vea las posibilidades y las dificultades en cada situación, ese tipo que permite que uno distinga las oportunidades que se le ofrecen, porque hay miles de personas que no logran ver las oportunidades que tienen a su alcance mientras se esfuerzan con situaciones que sin embargo no les proporcionarán ninguna ganancia sustancial.

La Llave Maestra desarrolla el Poder Mental, lo cual significa que los demás reconocerán instintivamente que eres una persona de fuerza, de carácter –significa que querrán hacer lo que tú quieras que hagan, que atraerás a personas y cosas, que serás lo que se llama una persona «con suerte», que las «cosas» llegarán a ti, que habrás comprendido las leyes fundamentales de la Naturaleza y que te habrás colocado en armonía con ellas, que estarás en sintonía con el Infinito, que entenderás la ley de atracción, las leyes naturales de crecimiento y las leyes psicológicas sobre las que descansan todas la ventajas en el mundo social y en el de los negocios.

El Poder Mental es poder creador; te proporciona la capacidad de crear por ti mismo, lo cual no significa quitarle algo a otra persona. La Naturaleza jamás actúa de ese modo. La Naturaleza hace que crezcan dos briznas de hierba donde antes crecía una sola, y el Poder de la Mente permite al ser humano hacer lo mismo.

La Llave Maestra desarrolla la percepción y la sagacidad, una independencia creciente, la capacidad y la disposición de ser útil. Destruye la desconfianza, la depresión, el miedo, la melancolía y todas las formas de limitación y debilidad, incluyendo el dolor y la enfermedad; despierta los talentos ocultos, proporciona iniciativa, fuerza, energía y vitalidad; despierta un aprecio de lo bello en el Arte, la Literatura y la Ciencia.

La Llave Maestra ha cambiado las vidas de miles de hombres y mujeres, sustituyendo unos métodos inciertos y confusos con unos principios definidos —y unos principios para los cimientos sobre los que todo sistema de eficacia debe descansar.

Elbert Gary, presidente de la United States Steel Corporation, dijo: «En una administración eficaz, los servicios de los consejeros, los instructores y los expertos en eficacia son indispensables para la mayoría de iniciativas de negocios de magnitud, pero considero que el reconocimiento y la adopción de los principios correctos tienen una importancia mucho mayor».

La Llave Maestra enseña los principios correctos y sugiere métodos para realizar una aplicación práctica de dichos principios. En esto difiere de todos los demás cursos de estudio. Enseña que el único valor posible que puede adherirse a cualquier principio está en su aplicación. Muchas personas leen libros, estudian cursos a distancia, asisten a conferencias durante toda su vida sin hacer jamás ningún progreso en la demostración del valor de los principios implicados. La Llave Maestra sugiere métodos mediante los cuales el valor de los principios enseñados puede ser demostrado y puesto en práctica en la experiencia diaria.

Se ha producido un cambio en el pensamiento mundial. Este cambio se está haciendo evidente poco a poco entre nosotros y es más importante que cualquier otro cambio que haya experimentado el mundo desde la caída del Paganismo.

La revolución que se está produciendo actualmente en las opiniones de las personas (tanto las de las clases altas y más cultivadas, como las de clase trabajadora) no tiene parangón en la historia de la humanidad.

En los últimos años, la ciencia ha realizado unos descubrimientos tan amplios, ha revelado unos recursos tan infinitos, ha revelado unas posibilidades tan enormes y unas fuerzas tan insospechadas, que los científicos dudan cada vez más en afirmar ciertas teorías como algo establecido e indudable, o en negar otras teorías por absurdas o imposibles. Así pues, está naciendo una nueva civilización. Algunas costumbres, algunos credos y la crueldad están quedando atrás; la visión, la fe y el servicio están ocupando su lugar. Las trabas de la tradición se están desvaneciendo y, mientras la escoria del materialismo se consume, el pensamiento se libera y la verdad eleva con todo su brillo ante una multitud asombrada.

El mundo entero está en la víspera de una nueva consciencia, un nuevo poder y una nueva percepción de los recursos que se encuentran dentro del ser. El siglo XIX fue testigo del mayor progreso material de la historia. El siglo XX producirá el mayor progreso en el poder mental y espiritual.

La física ha dividido la materia en moléculas, las moléculas en átomos, los átomos en energía, y ha sido sir Ambrose Fleming, en un discurso ante la Royal Institution, quien ha convertido esa energía en la mente. Dijo: «En su esencia fundamental, la energía puede ser incomprensible para nosotros, excepto como una exhibición del funcionamiento directo de aquello que llamamos Mente o Voluntad».

Veamos cuáles son las fuerzas más poderosas en la Naturaleza. En el mundo mineral, todo es sólido y fijo. En los reinos animal y vegetal, todo fluye y todo cambia, siempre se crea y se recrea. En la atmósfera encontramos calor, luz y energía. Cada ámbito se torna más fino y más espiritual cuando pasamos de lo visible a lo invisible, de lo grueso a lo fino, de la potencialidad baja a la potencialidad alta. Cuando llegamos a lo invisible encontramos energía en su estado más puro y más volátil.

Y, puesto que las fuerzas más poderosas de la Naturaleza son las fuerzas invisibles, también descubrimos que las fuerzas más poderosas del ser humano son sus fuerzas invisibles, su fuerza espiritual; y la única manera en que esa fuerza espiritual puede manifestarse es a través del proceso del pensar. El pensar es la única actividad que posee el espíritu, cuyo único producto es el pensamiento.

Suma y resta son, por lo tanto, transacciones espirituales; el razonamiento es un proceso espiritual, las ideas son concepciones espirituales, las preguntas son reflectores, y la lógica, los argumentos y la filosofía son la maquinaria espiritual.

Cada pensamiento hace que algún tejido físico, una parte del cerebro, nervio o músculo actúe. Esto produce un cambio físico real en la construcción del tejido. Por lo tanto, sólo es necesario tener un cierto número de pensamientos sobre un determinado tema para provocar un cambio completo en la organización física del ser humano.

Éste es el proceso mediante el cual el fracaso se transforma en éxito. Los pensamientos de valentía, poder, inspiración, armonía, sustituyen a los de fracaso, desesperación, carencia, limitación y discordia. Cuando estos pensamientos echan raíces, el tejido físico se transforma y la persona ve la vida bajo una nueva luz: lo viejo ha muerto, todas las cosas son nuevas. La persona vuelve a nacer, esta vez desde el espíritu. La vida tiene un nuevo significado para ella, la persona se reconstruye y se llena de dicha, de confianza, de esperanza y de energía. Ve oportunidades de éxito ante las que solía estar ciega; reconoce posibilidades que antes no tenían ningún significado para ella. Los pensamientos de éxito con los que se ha llenado irradian hacia la gente que la rodea, la cual, a su vez, la ayuda a ir hacia adelante y hacia arriba. Atrae hacia ella nuevas y exitosas asociaciones y esto, a su vez, hace que su entorno cambie. De modo que, mediante este simple ejercicio de pensamiento, la persona no sólo se cambia a sí misma, sino que también cambia su entorno, sus circunstancias y sus condiciones.

Vas a ver, debes ver, que estamos en el amanecer de un nuevo día; que las posibilidades son tan maravillosas, tan fascinantes, tan ilimitadas, que son casi desconcertantes. Hace un siglo, cualquier hombre con un revólver Gatling podría haber aniquilado a todo un ejército equipado con los implementos de la guerra que entonces estaban en uso. Lo mismo ocurre en la actualidad. Cualquier persona que tenga un conocimiento de las posibilidades contenidas en *La Llave Maestra* tiene una ventaja inconcebible sobre la multitud.

Capítulo uno

Tengo el privilegio de ofrecerte aquí el Capítulo Uno del Sistema de la Llave Maestra. ¿Te gustaría atraer más poder a tu vida? Consigue la consciencia de poder. ¿Más salud? Consigue la consciencia de salud. ¿Más felicidad? Consigue la consciencia de felicidad. Vive el espíritu de estas cosas hasta que sean tuyas por derecho propio. Entonces será imposible que te impidan tenerlas. Las cosas del mundo son fluidas para un poder que está dentro del ser humano, gracias al cual las gobierna.

No necesitas adquirir ese poder. Ya lo tienes. Pero debes entenderlo; debes usarlo; debes controlarlo; debes impregnarte de él, para que puedas avanzar y llevar al mundo contigo.

Día a día, mientras sigues adelante, mientras ganas impulso, mientras tu inspiración se hace más profunda, mientras tus planes se cristalizan, mientras adquieres una comprensión, llegarás a darte cuenta de que este mundo no es una pila de piedras y leña muerta, ¡sino un ser vivo! Está compuesto de los corazones de la humanidad, que laten. Es algo que está hecho de vida y belleza.

Es evidente que hace falta un entendimiento para trabajar con el material de esta descripción, pero quienes llegan a ese entendimiento son inspirados por una nueva luz, una nueva fuerza; cada día tienen más confianza y más poder; se dan cuenta de que sus esperanzas y sus sueños se hacen realidad, y la vida adquiere un significado más profundo, más pleno y más claro.

Y, ahora, el Capítulo Uno.

Capítulo uno

Es cierto, en todos los planos de la existencia, que si se tiene mucho se consigue más, y es igualmente cierto que la pérdida conlleva una mayor pérdida.

La mente es creativa, y las circunstancias, el entorno y todas las experiencias en la vida son el resultado de nuestra actitud mental habitual o predominante.

La actitud de la mente depende necesariamente de lo que pensamos. Por lo tanto, el secreto de todo poder, de todo logro y de toda posesión depende de nuestro método de pensamiento.

Esto es cierto, porque debemos «ser» para que podamos «hacer», y podemos «hacer» únicamente en la medida en que «somos», y lo que «somos» depende de lo que «pensamos».

No podemos expresar unos poderes que no poseemos. La única manera de conseguir tener poder es siendo conscientes de él, y jamás podremos ser conscientes del poder hasta que sepamos que todo el poder proviene de nuestro interior.

Hay un mundo en nuestro interior: un mundo de pensamiento, de sentimiento y de poder; de luz, de vida y de belleza y, aunque es invisible, sus fuerzas son poderosas.

El mundo interior está gobernado por la mente. Cuando descubramos ese mundo encontraremos la solución a cada problema, la causa de cada efecto. Y, puesto que el mundo interior está bajo nuestro control, todas las leyes del poder y la posesión están también bajo nuestro control.

El mundo exterior es un reflejo del mundo interior. Lo que aparece en el exterior ha estado antes en el interior. En el mundo interior podemos encontrar la Sabiduría infinita, el Poder infinito y la Provisión infinita de todo lo necesario, esperando desplegarse, desarrollarse y expresarse. Si reconocemos estas potencialidades en el mundo interior, entonces tomarán forma en el mundo exterior.

La armonía en el mundo interior se reflejará en el mundo exterior a través de circunstancias armoniosas, entornos agradables y lo mejor de todas las cosas. Es la base de la salud y un factor esencial necesario para toda grandeza, todo poder, todo logro, toda realización y todo éxito.

La armonía en el mundo interior significa la capacidad de controlar nuestros pensamientos y de que nosotros mismos determinemos cómo nos va a afectar cualquier experiencia.

La armonía en el mundo interior tiene como consecuencia el optimismo y la riqueza; la riqueza interior tiene como consecuencia la riqueza exterior.

El mundo exterior refleja las circunstancias y las condiciones de la consciencia interior.

Si encontramos sabiduría en el mundo interior, tendremos el entendimiento para percibir las maravillosas posibilidades que están latentes en él, y se nos dará el poder para hacer que esas posibilidades se manifiesten a su vez en el mundo exterior.

Al ser conscientes de la sabiduría que hay en el mundo interior, mentalmente tomamos posesión de ella, y al tomar posesión mental pasamos a tener una posesión real del poder y la sabiduría necesarios para manifestar los factores esenciales necesarios para nuestro desarrollo más completo y armonioso.

El mundo interior es el mundo práctico en el que los hombres y las mujeres de poder generan valentía, esperanza, entusiasmo, seguridad en sí mismos, confianza y fe, y por el cual reciben la inteligencia para tener la visión y la habilidad práctica para convertir esa visión en una realidad.

La vida es un desarrollo, no un acrecentamiento. Lo que nos llega en el mundo exterior es aquello que ya poseemos en el mundo interior.

Toda posesión se basa en la consciencia. Toda ganancia es el resultado de una consciencia del crecimiento. Toda pérdida es el resultado de una consciencia dispersa.

La eficiencia mental depende de la armonía; la discordia significa confusión; por lo tanto, quien adquiere poder debe estar en armonía con las Leyes Naturales.

Nos relacionamos con el mundo exterior a través de la mente objetiva. El cerebro es el órgano de esa mente, y el sistema cerebroespinal nos pone en comunicación consciente con cada una de las partes del cuerpo. El sistema nervioso responde a cada sensación de luz, de calor, de olor, de sonido y de sabor.

Cuando la mente piensa correctamente, cuando comprende la verdad, cuando los pensamientos enviados al cuerpo a través del sistema nervioso cerebroespinal son constructivos, las sensaciones son placenteras, armoniosas.

El resultado es que acumulamos vitalidad y todas las fuerzas constructivas en nuestro cuerpo, pero es a través de esta misma mente objetiva que toda aflicción, enfermedad, carencia y cada forma de discordia y de desarmonía es admitida en nuestras vidas. Por lo tanto, es a través de la mente objetiva, mediante el pensamiento erróneo, que nos relacionamos con todas las fuerzas destructivas.

Nos relacionamos con el mundo interior a través de la mente subconsciente. El plexo solar es el órgano de esta mente; el sistema simpático de los nervios gobierna todas las sensaciones subjetivas, como la alegría, el miedo, el amor, la emoción, la respiración, la imaginación y todos los demás fenómenos subconscientes. Es a través del subconsciente que estamos conectados con la Mente Universal y entramos en relación con las fuerzas constructivas Infinitas del Universo.

El gran secreto de la vida es la coordinación de estos dos centros de nuestro ser y la comprensión de sus funciones. Con este conocimiento, podemos hacer que las mentes objetiva y subjetiva cooperen conscientemente y, de ese modo, coordinen lo finito con lo infinito. Nuestro futuro está enteramente bajo nuestro propio control. No está a merced de cualquier poder externo caprichoso o incierto.

Todos estamos de acuerdo en que sólo hay un Principio o Consciencia que está presente en todo el Universo, ocupando todo el espacio y siendo esencialmente de la misma clase en cada punto de su presencia. Es todopoderoso, todo sabiduría y omnipresente. Todos los pensamientos y las cosas están dentro de Él. Él es todo en todo.

Sólo hay una Consciencia en el universo capaz de pensar y, cuando piensa, sus pensamientos se convierten en cosas objetivas para ella. Puesto que esta Consciencia es omnipresente, debe estar presente en cada persona; cada persona debe ser una manifestación de esa Consciencia Omnipotente, Omnisciente y Omnipresente.

Puesto que sólo hay una Consciencia en el Universo que es capaz de pensar, se infiere necesariamente que tu consciencia es idéntica a la Conciencia Universal o, en otras palabras, que todas las mentes son una sola mente. No se puede evitar llegar a esta conclusión.

La consciencia que se centra en las células de tu cerebro es la misma consciencia que se centra en las células cerebrales de cualquier otra persona. Cada persona no es más que la individualización de la Mente Universal, de la Mente Cósmica.

La Mente Universal es energía estática o potencial; simplemente es. Se puede manifestar únicamente a través del individuo, y el individuo se puede manifestar únicamente a través de lo Universal. Son uno.

La capacidad de la persona de pensar es su capacidad de tener un efecto en lo Universal y de traerlo a la manifestación. La consciencia humana consiste únicamente en la capacidad de pensar del ser humano. Se cree que la mente en sí misma es una forma sutil de energía estática, de la cual surgen las actividades llamadas «pensamiento», que son la fase dinámica de la mente. La mente es energía estática, el pensamiento es energía dinámica: son las dos fases de la misma cosa. El pensamiento es, por lo tanto, la fuerza vibratoria que se forma al convertir la mente estática en mente dinámica.

Puesto que la suma de todos los atributos está contenida en la Mente Universal, que es Omnipotente, Omnisciente y Omnipresente, esos atributos deben estar presentes en todo momento en su forma potencial en cada persona. Por lo tanto, cuando la persona piensa, el pensamiento es obligado por su naturaleza a encarnarse en una objetividad o un estado que corresponderá a su origen.

Cada pensamiento es, por lo tanto, una causa, y cada estado es un efecto. Por este motivo, es absolutamente esencial que controles tus pensamientos para poder crear únicamente circunstancias deseables.

Todo el poder proviene del interior y está absolutamente bajo tu control. Llega a través del conocimiento exacto y por el ejercicio voluntario de los principios exactos.

Debería quedar claro que cuando adquieres una plena comprensión de esta ley, y eres capaz de controlar tus procesos de pensamiento, puedes aplicarla a cualquier circunstancia; en otras palabras, habrás llegado a una cooperación consciente con la ley Omnipotente, que es la base fundamental de todas las cosas.

La Mente Universal es el principio de vida de todo átomo existente; todo átomo está luchando continuamente para manifestar más vida; todos son inteligentes y todos están intentando llevar a cabo el propósito para el cual fueron creados.

La mayoría de la humanidad vive en el mundo exterior; pocas personas han descubierto su mundo interior y, sin embargo, es el mundo interior el que crea al mundo exterior. Por lo tanto, es creativo, y todo lo que encuentras en tu mundo exterior ha sido creado por ti en tu mundo interior.

Este sistema hará que seas consciente del poder que será tuyo cuando comprendas esta relación entre el mundo externo y el mundo interno. El mundo interior es la causa, el mundo exterior es el efecto; para cambiar el efecto debes cambiar la causa.

Finalmente, verás que ésta es una idea radicalmente nueva y distinta. La mayoría de la gente intenta cambiar los efectos trabajando con los efectos: no consigue ver que eso, simplemente, es cambiar una forma de aflicción por otra. Para eliminar la discordia, debemos eliminar la causa, y esa causa sólo puede ser hallada en el mundo interior.

Todo crecimiento proviene del interior. Esto es evidente en toda la naturaleza. Toda planta, todo animal, todo ser humano es un testimonio viviente de esta gran ley, y el error de los siglos ha estado en buscar la fuerza o el poder en el exterior.

El mundo interior es la fuente Universal de suministro, y el mundo exterior es el punto de salida de esa corriente. Nuestra capacidad de recibir depende de nuestro reconocimiento de esta Fuente Universal, de esta Energía Infinita para la que cada persona es un punto de salida. Por lo tanto, ella es una con cada persona.

El reconocimiento es un proceso mental; por lo tanto, la acción mental es la interacción del individuo con la Mente Universal. Y, puesto que la Mente Universal es la inteligencia que está presente en todo el espacio y que anima a todos los seres vivos, esta acción y reacción mental es la ley de causalidad. Sin embargo, el principio de causalidad no existe en el individuo, sino en la Mente Universal. No es una facultad objetiva, sino un proceso subjetivo, y los resultados se ven en una infinita variedad de circunstancias y experiencias.

Para que la vida pueda expresarse, tiene que haber una mente; nada puede existir sin la mente. Todo lo que existe es una manifestación de esta única sustancia básica a partir de la cual, y por la cual, todas las cosas han sido creadas y están siendo recreadas continuamente.

Vivimos en un mar insondable de sustancia mental plástica. Esta sustancia está siempre viva y activa. Es sensible en el grado más alto. Toma forma según la exigencia mental. El pensamiento forma el molde o la matriz a partir de la cual la sustancia se expresa.

Recuerda que el valor está únicamente en la aplicación, y que una comprensión práctica de esta ley sustituirá la pobreza por abundancia, la ignorancia por sabiduría, la discordia por armonía y la tiranía por libertad, y ciertamente, desde un punto de vista material y social, no puede haber bendiciones mayores que éstas.

Ahora, realiza la aplicación: elige una habitación en la que puedas estar a solas y en la que nadie te vaya a molestar; siéntate erguido, cómodamente, pero sin repantigarte. Deja que tus pensamientos vaguen por donde quieran, pero quédate perfectamente quieto durante entre quince minutos y media hora. Haz esto durante tres o cuatro días, o durante una semana, hasta que te asegures de tener un control total de tu ser físico.

A muchas personas hacer esto les resultará sumamente difícil, mientras que otras lo conquistarán con facilidad, pero es absolutamente esencial asegurar un control total del cuerpo para estar preparado para progresar. En el próximo capítulo, la semana que viene, recibirás instrucciones para el próximo paso. Mientras tanto, debes haber dominado éste.

Estudia las preguntas y sus respuestas

1. ¿Qué es el mundo exterior en su relación con el mundo interior?
El mundo exterior es un reflejo del mundo interior.

2. ¿De qué depende toda posesión?
Toda posesión se basa en la consciencia.

3. ¿Cómo se relaciona la persona con el mundo objetivo?
La persona se relaciona con el mundo objetivo a través de la mente objetiva. El cerebro es el órgano de dicha mente.

4. ¿Cómo se relaciona con la Mente Universal?
Se relaciona con la Mente Universal a través de la mente subconsciente. El plexo solar es el órgano de dicha mente.

5. ¿Qué es la Mente Universal?
La Mente Universal es el principio de vida de cada átomo existente.

6. ¿Cómo puede el Individuo tener un efecto en lo Universal?
La capacidad de pensar del individuo es su capacidad de tener un efecto en lo Universal y llevarlo a la manifestación.

7. ¿Cuál es el resultado de esta acción e interacción?
El resultado de esta acción e interacción es causa y efecto; cada pensamiento es una causa y cada circunstancia un efecto.

8. ¿Cómo se garantizan unas circunstancias armoniosas y deseables?

Unas circunstancias armoniosas y deseables se consiguen pensando correctamente.

9. ¿Cuál es la causa de toda discordia, desarmonía, carencia y limitación?

La discordia, la desarmonía, la carencia y la limitación son el resultado de pensar erróneamente.

10. ¿Cuál es la fuente de todo poder?

La fuente de todo poder es el mundo interior, la Fuente Universal de Suministro, la Energía Infinita, de la cual cada individuo es un punto de salida.

❧ *Capítulo dos* ❧

Nuestras dificultades se deben, en gran parte, a las ideas confusas y a la ignorancia de nuestros verdaderos intereses. Nuestra gran tarea consiste en descubrir las leyes de la naturaleza a las que debemos adaptarnos. El pensamiento claro y la percepción moral tienen, por lo tanto, un valor incalculable. Todos los procesos, incluso los del pensamiento, descansan sobre unas bases sólidas.

Cuanto más profundas son las sensibilidades, más agudo es el juicio, más delicado el gusto, más refinados los sentimientos morales, más sutil la inteligencia, más elevadas las aspiraciones, y más puras e intensas las gratificaciones que proporciona la existencia. Por lo tanto, lo que proporciona un placer supremo es el estudio de lo mejor que se ha pensado en el mundo.

Los poderes, usos y posibilidades de la mente bajo las nuevas interpretaciones son incomparablemente más maravillosos que los logros más extravagantes, o incluso que los sueños del progreso material.

El pensamiento es energía. El pensamiento activo es energía activa; el pensamiento concentrado es energía concentrada. El pensamiento concentrado en un fin claro se convierte en poder. Ése es el poder que usan aquellos que no creen en la virtud de la pobreza, ni en la belleza de la negación de uno mismo. Ellos perciben que ése es el camino de los débiles.

La capacidad de recibir y manifestar este poder depende de la capacidad de reconocer la Energía Infinita que habita siempre en el ser humano, creando y recreando constantemente su cuerpo y su mente, y lista para manifestarse a través de él en cualquier momento de la forma que sea necesaria. La manifestación en la vida exterior del individuo estará en proporción exacta con el reconocimiento de esta verdad.

El Capítulo Dos explica el método para conseguirlo.

Capítulo dos

Las operaciones de la mente se producen por dos modalidades paralelas de actividad: una consciente y otra subconsciente. El profesor Davidson dice: «Quien cree iluminar todo el alcance de la acción mental con la luz de su propia consciencia no es distinto de quien intenta iluminar el universo con una vela de junco».

Los procesos lógicos del subconsciente se llevan a cabo con una certeza y una regularidad que serían imposibles si existiera la posibilidad de error. Nuestra mente está diseñada de tal manera que prepara para nosotros las bases más importantes de la cognición, mientras que nosotros no tenemos ni la más mínima percepción del modus operandi.

El alma subconsciente, como un extraño benevolente, trabaja y se aprovisiona para nuestro beneficio, dejando caer únicamente los frutos maduros sobre nuestro regazo. Así pues, un análisis fundamental de los procesos de pensamiento muestra que el subconsciente es el teatro de los fenómenos mentales más importantes.

Es a través del subconsciente que Shakespeare debió de percibir, sin esfuerzo, las grandes verdades que están ocultas a la mente consciente del estudiante; que Fidias debió de dar forma al mármol y al bronce; que Rafael debió de pintar las *madonnas* y Beethoven compuesto sus sinfonías.

La facilidad y la perfección dependen enteramente del grado en que dejamos de depender de la consciencia; tocar el piano, patinar, escribir a máquina: los oficios que requieren destreza, dependen del proceso de la mente subconsciente para su perfecta ejecución. La maravilla de interpretar brillantemente una pieza en el piano mientras, al mismo tiempo, mantenemos una vigorosa conversación, demuestra la grandeza de nuestros poderes subconscientes.

Todos sabemos cuánto dependemos del subconsciente, y cuanto más grandes, más nobles, más brillantes son nuestros pensamientos, más evidente es para nosotros que su origen es incomprensible para nosotros. Descubrimos que estamos dotados de tacto, de instinto, de sentido de la belleza en el arte, la música, etc., siendo absolutamente inconscientes de su origen o su morada.

El valor del subconsciente es enorme. Nos inspira, nos advierte, nos suministra nombres, datos y escenas del almacén de la memoria. Dirige nuestros pensamientos, nuestros gustos, y realiza tareas tan complejas que ninguna mente consciente, incluso si tuviera el poder, sería capaz de realizar.

Podemos caminar a voluntad, podemos levantar el brazo siempre que queramos hacerlo, podemos prestar atención a cualquier tema que nos plazca con nuestros ojos o nuestros oídos. Por otro lado, no podemos detener los latidos de nuestro corazón, ni la circulación de la sangre, ni el aumento de la estatura, ni la formación de tejidos nerviosos y musculares, ni el desarrollo de los huesos, ni muchos otros importantes procesos vitales.

Si comparamos estos dos tipos de actividad (uno decretado por la voluntad del momento y el otro realizándose en un proceder majestuoso, rítmico, sin vacilación, constante en todo momento), nos quedamos asombrados ante el segundo y pedimos que el misterio nos sea revelado. Inmediatamente, nos damos cuenta de que estos son los procesos esenciales de nuestra vida física y no podemos evitar llegar a la conclusión de que estas importantes funciones están alejadas a propósito del dominio de nuestra voluntad exterior con sus variaciones y transiciones, y colocadas bajo la dirección de un poder permanente y confiable que está en nuestro interior.

De estos dos poderes, el exterior y variable ha sido denominado la «Mente Consciente» o «Mente Objetiva» (que trata con los objetos externos). El poder interior es llamado la «Mente Subconsciente» o «Mente Subjetiva» y, además de su trabajo en el plano mental, controla las funciones habituales que hacen posible la vida física.

Es necesario tener una comprensión clara de sus respectivas funciones en el plano mental, así como de otros principios básicos. Percibiendo y funcionando a través de los cinco sentidos, la mente consciente trata con las impresiones y los objetos de la vida externa.

Tiene la facultad del discernimiento, llevando consigo la responsabilidad de la elección. Tiene poder de razonamiento (ya sea inductivo, deductivo, analítico o silogístico), y este poder puede desarrollarse en gran medida. Es donde reside la voluntad, con todas las energías que fluyen desde ahí.

No sólo puede impresionar a otras mentes, sino que además puede dirigir a la mente subconsciente. De esta manera, la mente consciente se convierte en el gobernante y guardián responsable de la mente subconsciente. Es esta elevada función la que puede invertir completamente las circunstancias de tu vida.

A menudo es cierto que los estados de miedo, preocupación, pobreza, enfermedad, desarmonía y todo tipo de males nos dominan por medio de sugestiones falsas aceptadas por una mente subconsciente desprotegida. Una mente consciente entrenada puede prevenir completamente todo esto mediante su vigilante acción protectora. Podríamos llamarla adecuadamente «el Guardián de la Puerta» del gran campo subconsciente.

Un escritor expresó así la principal distinción entre las dos fases de la mente: «La mente consciente es voluntad razonadora. La mente subconsciente es deseo instintivo, el resultado de la voluntad razonadora de pasado».

La mente subconsciente saca conclusiones justas y precisas de premisas suministradas por fuentes externas. Cuando la premisa es cierta, la mente subconsciente llega a una conclusión sin defecto, pero cuando la premisa o la sugestión es errónea, toda la estructura se derrumba. La mente subconsciente no entra en un proceso de comprobación. Confía en que la mente consciente, «el Guardián de la Puerta», la resguardará de impresiones erróneas.

Al recibir cualquier sugestión como cierta, a partir de ese momento la mente subconsciente pasa inmediatamente a actuar en todo el ámbito de su enorme campo de trabajo. La mente consciente puede sugerir una verdad o un error. En el último caso, el coste constituye un peligro de gran alcance para todo el ser.

La mente consciente debería estar de servicio durante todas las horas en que uno está despierto. Cuando el « guardián» está «distraído» o cuando su sereno juicio no está funcionando, en una variedad de circunstancias, entonces la mente subconsciente está desprotegida y abierta a las sugestiones de todas las fuentes. Durante la salvaje excitación del pánico, o durante el momento álgido de la ira, o en el impulso de muchedumbre irresponsable, o en cualquier otro momento de pasión incontrolada, las condiciones son de lo más peligrosas. La mente subconsciente está entonces abierta a la sugestión del miedo, el odio, el egoísmo, la codicia, el desprecio de uno mismo y otras fuerzas negativas, derivadas de las personas o las circunstancias del entorno. El resultado suele ser nocivo en el extremo, con efectos que pueden durar, afligiéndola durante mucho tiempo. De ahí la gran importancia de proteger a la mente subconsciente de impresiones falsas.

La mente subconsciente percibe por intuición. De ahí que sus procesos sean rápidos. No espera a los métodos lentos del razonamiento consciente. De hecho, no puede emplearlos.

Tu mente subconsciente nunca duerme, nunca descansa, del mismo modo que no lo hacen tu corazón o tu sangre. Se ha descubierto que meramente diciéndole a la mente subconsciente ciertas cosas específicas que deben ser realizadas, se ponen en funcionamiento unas fuerzas que desembocan en el resultado deseado. Aquí tenemos, entonces, una fuente de poder que nos pone en contacto con la Omnipotencia. Aquí hay un principio profundo que vale la pena estudiar seriamente.

El funcionamiento de esta ley es interesante. Quienes la ponen en funcionamiento, cuando acuden a encontrarse con una persona con la que creen que van a tener una entrevista difícil, descubren algo que ha estado ahí antes que ellos y ha hecho que las supuestas diferencias se desvanezcan: todo ha cambiado, todo es armonioso. Descubren que cuando se presenta algún problema difícil en los negocios, pueden permitirse aplazar las cosas y algo les transmite la solución apropiada; todo se arregla adecuadamente. De hecho, quienes han aprendido a confiar en el subconsciente descubren que tienen a su disposición unos recursos infinitos.

La mente subconsciente es la morada de nuestros principios y nuestras aspiraciones. Es la fuente de nuestros ideales artísticos y altruistas.

Estos instintos sólo pueden ser derrocados mediante un proceso complicado y gradual de minar los principios innatos.

La mente subconsciente no puede discutir debatiendo. Por lo tanto, si ha aceptado unas sugestiones erróneas, el método seguro para superarlas es mediante el uso de una fuerte contra-sugestión, repetida con frecuencia, que la mente debe aceptar. De este modo, tarde o temprano, se forman nuevos hábitos de pensamiento y de vida sanos, porque la mente subconsciente es la morada del Hábito. Aquello que hacemos una y otra vez se convierte en algo mecánico; deja de ser un acto de juicio, pero ha gastado sus profundos surcos en la mente subconsciente. Esto es favorable para nosotros si el hábito es saludable y correcto. Si es dañino e incorrecto, el remedio es reconocer la omnipotencia de la mente subconsciente y sugerir una libertad actual real. Puesto que el subconsciente es creativo y es uno con nuestra fuente divina, creará inmediatamente la libertad sugerida.

Resumiendo: Las funciones normales del subconsciente en el aspecto físico tienen que ver con los procesos habituales y esenciales, con la conservación de la vida y la recuperación de la salud, y con el cuidado de los hijos, que incluye el deseo instintivo de conservar toda vida y mejorar las condiciones en general.

En el aspecto mental, el subconsciente es el almacén de la memoria. Aloja a los maravillosos mensajeros del pensamiento, los cuales trabajan sin ser estorbados por el tiempo o el espacio. Es la fuente de la iniciativa práctica y de las fuerzas constructivas de la vida: es la morada del hábito.

En el aspecto espiritual, es la fuente de los ideales, las aspiraciones y la imaginación, y es el canal por el cual reconocemos a nuestra Fuente Divina. Proporcionalmente, al reconocer esta divinidad llegamos a comprender cuál es la fuente del poder.

Algunas personas podrían preguntar: «¿Cómo puede el subconsciente cambiar las circunstancias?». La respuesta es: porque el subconsciente es una parte de la Mente Universal, y una parte debe ser del mismo tipo y la misma cualidad que el todo; la única diferencia está en el grado. El todo, como sabemos, es creativo; de hecho, es el único creador que hay. En consecuencia, descubrimos que la mente es creativa y, puesto que el pensamiento es la única actividad que la mente posee, el pensamiento tiene que ser, necesariamente, creativo también.

Pero descubriremos que hay una enorme diferencia entre el mero pensar y el dirigir consciente, sistemática y constructivamente nuestros pensamientos: cuando hacemos esto, ponemos a la mente en armonía con la Mente Universal, sintonizamos con el Infinito, ponemos en funcionamiento a la fuerza más poderosa de la existencia, el poder creador de la Mente Universal. Esto, como todo lo demás, está gobernado por la ley natural, y esa ley es la «Ley de Atracción», que dice que la Mente es creadora y se correlacionará automáticamente con su objeto, trayéndolo a la manifestación.

La semana pasada te proporcioné un ejercicio que tenía la finalidad de asegurar el control del cuerpo físico. Si lo has realizado, estás preparado para seguir adelante. Esta vez empezarás a controlar tus pensamientos. Si es posible, utiliza siempre la misma habitación, la misma silla y la misma posición. En algunos casos, no es conveniente usar la misma habitación; si esto te ocurre, simplemente haz el mejor uso de las condiciones que estén disponibles. A continuación, permanece perfectamente quieto, como antes, pero inhibe todo pensamiento; esto de proporcionará un control sobre todos los pensamientos de aprensión, preocupación y miedo, y te permitirá tener únicamente el tipo de pensamientos que tú deseas. Continúa realizando este ejercicio hasta que logres una maestría absoluta.

No podrás realizar este ejercicio durante más de unos pocos minutos seguidos, pero es valioso porque será una demostración muy práctica del gran número de pensamientos que están intentando continuamente acceder a tu mundo mental.

La próxima semana recibirás instrucciones para un ejercicio que quizá sea un poco más interesante, pero primero es necesario que domines éste.

Estudia las preguntas y sus respuestas

11. ¿Cuáles son las dos modalidades de la actividad mental?
Consciente y subconsciente.

12. ¿De qué dependen la facilidad y la perfección?
La facilidad y la perfección dependen enteramente de la medida en que dejamos de depender de la mente consciente.

13. ¿Cuál es el valor del subconsciente?
Es enorme: nos guía, nos advierte, controla los procesos esenciales y es la morada de la memoria.

14. ¿Cuáles son algunas de las funciones de la mente consciente?
Tiene la facultad del discernimiento, tiene poder de razonamiento, es la morada de la voluntad y puede impresionar al subconsciente.

15. ¿Cómo se ha expresado la distinción entre la mente consciente y la subconsciente?
«La mente consciente es voluntad razonadora. La mente subconsciente es deseo instintivo, el resultado de la voluntad razonadora anterior.»

16. ¿Qué método es necesario para impresionar al subconsciente?
Afirmar mentalmente lo que deseas.

17. ¿Cuál será el resultado?
Si el deseo está en armonía con el movimiento hacia adelante del gran Todo, se pondrán en marcha unas fuerzas que producirán el resultado.

18. ¿Cuál es el resultado del funcionamiento de esta ley?
Nuestro entorno refleja circunstancias que se corresponden con la actitud mental predominante que tenemos.

19. ¿Qué nombre se le ha dado a esta ley?
   La Ley de Atracción.

20. ¿Cómo se expresa esta ley?
   El pensamiento es una energía creadora y, automáticamente, se correlacionará con su objeto, trayéndolo a la manifestación.

✖ Capítulo tres ✖

Has descubierto que el Individuo puede tener un efecto en lo Universal, y el resultado de esta acción e interacción son la causa y el efecto. El pensamiento, por lo tanto, es la causa, y las experiencias con las que te encuentras en la vida son el efecto.

Elimina, entonces, cualquier posible tendencia a quejarte de cómo han sido o cómo son las circunstancias, porque depende de ti cambiarlas y convertirlas en lo que tú quieres que sean.

Dirige tus esfuerzos a tomar consciencia de los recursos mentales que siempre están a tus órdenes y de los que proviene todo poder real y duradero.

Persevera en la práctica hasta que te des cuenta de que no puede haber ningún fracaso en la realización de cualquier objetivo adecuado en tu vida si entiendes tu poder y perseveras en tu objetivo, porque las fuerzas de la mente siempre están preparadas para colaborar con una voluntad resuelta, en un esfuerzo por cristalizar los pensamientos y los deseos en acciones, acontecimientos y circunstancias.

Aunque en el inicio de cada función de la vida y cada acción está el resultado del pensamiento consciente, los actos habituales se vuelven automáticos y el pensamiento que los controla entra en la esfera del subconsciente; sin embargo, sigue siendo tan inteligente como antes. Es necesario que se vuelva automático o subconsciente para que la mente autoconsciente pueda ocuparse de otras cosas. No obstante, los nuevos actos, a su vez, se tornarán habituales, luego automáticos y más tarde subconscientes para que la mente pueda ser liberada otra vez de este detalle y avance hacia otras actividades.

Cuando te des cuenta de esto, habrás hallado una fuente de poder que te permitirá hacerte cargo de cualquier situación que pueda presentarse en la vida.

Capítulo tres

La necesaria interacción de la mente consciente y la mente subconsciente requiere una interacción similar entre los correspondientes sistemas nerviosos. El juez Troward indica el bellísimo método en el cual se efectúa esta interacción. Dice: El sistema cerebroespinal es el órgano de la mente consciente y el sistema simpático es el órgano del subconsciente. El cerebroespinal es el canal por el cual recibimos la percepción consciente de los sentidos físicos y ejercitamos el control de los movimientos del cuerpo. Este sistema de nervios tiene su centro en el cerebro.

El sistema simpático tiene su centro en una masa gangliónica en la parte posterior del estómago conocida como plexo solar, y es el canal de esa acción mental que apoya inconscientemente las funciones vitales del cuerpo.

La conexión entre los dos sistemas se realiza a través del nervio vago, que sale de la región cerebral como una parte del sistema voluntario y llega hasta el tórax, enviando ramificaciones al corazón y a los pulmones. Finalmente, al pasar por el diafragma pierde su capa exterior y se identifica con los nervios del sistema simpático, formando así un enlace entre los dos y haciendo que el ser humano sea físicamente una «entidad única».

Hemos visto que cada pensamiento es recibido por el cerebro, que es el órgano de la mente consciente, y que ahí se somete a nuestro poder de razonamiento. Cuando la mente objetiva se ha convencido de que el pensamiento es verdad, éste es enviado al plexo solar, o el cerebro de la mente subjetiva, para ser incorporado a nuestra carne, para ser traído al mundo como una realidad. Entonces ya no es susceptible a ningún tipo de discusión. La mente subconsciente no puede discutir; sólo actúa. Acepta las conclusiones de la mente objetiva como definitivas.

El plexo solar ha sido comparado con el Sol del cuerpo porque es el punto central de distribución de la energía que el cuerpo está generando continuamente. Esta energía es una energía muy real, así como este Sol. La energía es distribuida a través de los nervios hacia todas las partes del cuerpo y es emitida a la atmósfera que lo envuelve.

Si esta radiación es suficientemente fuerte, se dice que la persona es «magnética», que está llena de magnetismo personal. Una persona así puede ejercer un enorme poder para bien. A menudo, su mera presencia traerá la calma a las mentes preocupadas con las que entre en contacto.

Cuando el plexo solar está en funcionamiento activo e irradiando vida, energía y vitalidad a todas las partes del cuerpo y a todas las personas con las que se encuentra, las sensaciones son placenteras, el cuerpo está rebosante de salud y todas las personas con las que entra en contacto experimentan una sensación placentera.

Si se produce una interrupción de esta radiación, las sensaciones son poco placenteras; el fluir de la vida y la energía hacia alguna parte del cuerpo cesa, y ésta es la causa de todas las enfermedades de la raza humana: físicas, mentales o medioambientales.

Físicas porque el sol del cuerpo ya no está generando la energía suficiente para vitalizar alguna parte del mismo; mentales porque la mente consciente depende de la mente subconsciente para tener la vitalidad necesaria para sostener sus pensamientos, y medioambientales porque la conexión entre la mente subconsciente y la Mente Universal está siendo interrumpida.

El plexo solar es el punto en el que la parte se encuentra con el todo, en el que el finito se vuelve Infinito, en que lo no creado se convierte en lo creado, lo Universal se individualiza, lo Invisible se hace visible. Es el lugar en el que aparece la vida, y no hay límite a la cantidad de vida que se puede generar desde este centro solar.

Este centro de energía es Omnipotente porque es el punto de contacto con toda vida y toda inteligencia. Por lo tanto, puede realizar cualquier cosa que se le indique, y ahí reside el poder de la mente consciente. La mente subconsciente puede llevar a cabo los planes e ideas que la mente consciente le sugiera, y lo hará.

El pensamiento consciente es, entonces, el amo de ese centro solar desde el que fluyen la vida y la energía de todo el cuerpo. La cualidad del pensamiento que tengamos determinará la cualidad del pensamiento que este sol irradiará, y el carácter del pensamiento que nuestra mente consciente tenga determinará el carácter del pensamiento que este sol irradiará. La naturaleza de los pensamientos que nuestra mente consciente tenga determinará la naturaleza de los pensamientos que este sol irradiará y, en consecuencia, determinará la naturaleza de la experiencia que se producirá.

Por lo tanto, es evidente que lo único que tenemos que hacer es dejar que nuestra luz brille. Cuanta más energía podamos irradiar, más rápidamente seremos capaces de transmutar las condiciones indeseables en fuentes de placer y de provecho. La pregunta importante, entonces, es: ¿cómo podemos permitir que esa luz brille? ¿Cómo podemos generar esa energía?

El pensamiento no resistente expande el plexo solar; el pensamiento resistente lo contrae. El pensamiento placentero lo expande; el pensamiento desagradable lo contrae. Los pensamientos de valentía, de poder, de confianza y de esperanza producen un estado correspondiente, pero el mayor enemigo del plexo solar es el miedo. Este enemigo debe ser destruido por completo, debe ser expulsado para siempre para que exista la posibilidad de que brille la luz. Él es la nube que oculta al Sol, que produce una penumbra perpetua.

Éste es el demonio personal que hace que las personas teman al pasado, al presente y al futuro; que tengan miedo de sí mismas, de sus amigos y de sus enemigos; que tengan miedo a todo y a todos. Cuando el miedo haya sido destruido eficazmente y por completo, tu luz brillará, las nubes se dispersarán y habrás encontrado la fuente de poder, energía y vida.

Cuando descubras que en realidad eres uno con el poder Infinito, y cuando puedas ser consciente de este poder mediante una demostración práctica de tu capacidad de superar cualquier circunstancia adversa con el poder del pensamiento, no tendrás nada que temer; el miedo habrá sido destruido y estarás en posesión de tu derecho natural.

Nuestra actitud mental hacia la vida es la que determina las experiencias con las que nos vamos a encontrar. Si no esperamos nada, no tendremos nada; si pedimos mucho, recibiremos la porción más grande. El mundo es duro únicamente si no somos capaces de hacernos valer. Las críticas del mundo son amargas sólo para aquellos que no son capaces de hacer sitio para sus ideas. Es el miedo a estas críticas lo que hace que muchas ideas no lleguen a ver la luz del día.

Pero la persona que sabe que tiene un plexo solar no temerá a las críticas, ni a ninguna otra cosa; estará demasiado ocupada irradiando valentía, confianza y poder. Esperará el éxito con su actitud mental; hará añicos las barreras y saltará por encima de la fosa de dudas y vacilación que el miedo coloque en su camino.

Un conocimiento de nuestra capacidad de irradiar conscientemente salud, fuerza y armonía nos llevará a darnos cuenta de que no hay nada que temer, porque estamos en contacto con la Fuerza Infinita.

Este conocimiento sólo puede obtenerse haciendo una aplicación práctica de esta información. Aprendemos haciendo: mediante la práctica, el atleta deviene poderoso.

Puesto que la siguiente afirmación tiene una importancia considerable, la expresaré de varias formas, para que no dejes de captar toda su trascendencia. Si tienes inclinaciones religiosas, te diría que dejes que brille tu luz. Si tu mente se inclina hacia la ciencia física, te diría que puedes despertar al plexo solar o, si prefieres la interpretación estrictamente científica, te diré que puedes impresionar a tu mente subconsciente.

Ya te he dicho cuál será el resultado de esa impresión. Ahora, lo que te interesa es el método. Ya has aprendido que el subconsciente es inteligente y que es creativo, y que responde a la voluntad de la mente consciente. ¿Cuál es, entonces, la manera más natural de hacer la impresión deseada? Concéntrate mentalmente en el objeto de tu deseo, porque cuando te concentras estás impresionando al subconsciente.

Ésta no es la única forma, pero es sencilla y eficaz, y es la más directa; en consecuencia, es la manera en la que se consiguen los mejores resultados. Éste es un método que está dando unos resultados tan extraordinarios que muchas personas creen que se están produciendo milagros.

Éste es el método con el que todo gran inventor, todo gran financiero, todo gran estadista ha sido capaz de convertir la fuerza sutil e invisible del deseo, la fe y la confianza en hechos reales, tangibles y concretos en el mundo objetivo.

La mente subconsciente es una parte de la Mente Universal. La Mente Universal es el Principio Creador del Universo; la parte debe ser de la misma clase y cualidad que el todo. Esto quiere decir que ese poder creador es absolutamente ilimitado: no está limitado por ningún tipo de precedente. En consecuencia, no hay ninguna pauta anterior existente según la cual haya que aplicar su principio constructivo.

Hemos descubierto que la mente subconsciente responde a nuestra voluntad consciente, lo cual significa que el poder creador ilimitado de la Mente Universal está bajo el control de la mente consciente del individuo.

Cuando hagas una aplicación práctica de este principio, de acuerdo con los ejercicios proporcionados en las lecciones subsiguientes, es bueno que recuerdes que no es necesario describir el método por el cual el subconsciente producirá los resultados que tú deseas. El finito no puede informar al Infinito. Simplemente debes decir lo que deseas, no cómo vas a conseguirlo.

Tú eres el canal por el cual lo indiferenciado está siendo diferenciado, y esta diferenciación se está consiguiendo por la apropiación. Sólo se requiere el reconocimiento para poner en movimiento las causas que producirán los resultados de acuerdo con tu deseo, y esto se consigue porque lo Universal sólo puede actuar a través del individuo, y el individuo sólo puede actuar a través de lo Universal: son uno.

Para tu ejercicio de esta semana, te pediré que vayas un paso más allá. Quiero que no sólo te quedes perfectamente quieto e inhibas todo pensamiento en la medida de tus posibilidades, sino también que te relajes, te sueltes, dejes que los músculos adquieran su estado normal; esto quitará toda presión a los nervios y eliminará la tensión que con tanta frecuencia produce un agotamiento físico.

La relajación física es un ejercicio de la voluntad. Encontrarás que este ejercicio tiene un gran valor, ya que permite que la sangre circule libremente hacia, y desde, el cerebro y el cuerpo.

La tensión lleva a la intranquilidad mental y a una actividad anormal de la mente; produce preocupación, aprensión, miedo y ansiedad. La relajación es, por lo tanto, una necesidad absoluta para que las facultades mentales puedan ejercitar la mayor libertad.

Haz este ejercicio de la forma más concienzuda y completa posible. Decide mentalmente que vas a relajar cada músculo y cada nervio hasta que te sientas tranquilo, descansado y en paz contigo mismo y con el mundo.

Entonces, el plexo solar estará preparado para funcionar. Te sorprenderá el resultado.

Estudia las preguntas y sus respuestas

21. ¿Qué sistema de los nervios es el órgano de la Mente Consciente?
El sistema cerebroespinal.

22. ¿Qué sistema nervioso es el órgano de la mente subconsciente?
El sistema simpático.

23. ¿Cuál es el punto central de distribución de la energía que el cuerpo está generando continuamente?
El plexo solar.

24. ¿Cómo se puede interrumpir esta distribución?
Con pensamientos resistentes, críticos y discordantes, especialmente de temor.

25. ¿Cuál es el resultado de esta interrupción?
Todas las enfermedades que afligen a la humanidad.

26. ¿Cómo se puede controlar y dirigir esa energía?
Mediante el pensamiento consciente.

27. ¿Cómo se puede eliminar completamente el miedo?
Mediante una comprensión y un reconocimiento de la verdadera fuente de todo poder.

28. ¿Qué determina las experiencias con las que nos encontramos en la vida?
Nuestra actitud mental predominante.

29. ¿Cómo podemos despertar al plexo solar?
Concentrándonos mentalmente en las condiciones que deseamos ver manifestadas en nuestras vidas.

30. ¿Cuál es el Principio Creador del Universo?
La Mente Universal.

❧ *Capítulo cuatro* ❧

Aquí te ofrezco el Capítulo Cuatro. Esta sección te mostrará por qué lo que piensas, haces o sientes es indicativo de lo que tú eres.

El pensamiento es energía y la energía es poder. El hecho de que todas las religiones, ciencias y filosofías con las que el mundo ha estado familiarizado hasta ahora se han basado en la manifestación de esta energía en lugar de basarse en la energía en sí misma, es el motivo por el cual el mundo se ha visto limitado a los efectos, mientras que las causas han sido ignoradas o interpretadas erróneamente.

Por esta razón tenemos a Dios y al Diablo en la religión, lo positivo y lo negativo en la ciencia, y lo bueno y lo malo en la filosofía.

La Llave Maestra invierte el proceso; se interesa únicamente en la causa. Las cartas que he recibido de los estudiantes cuentan una historia maravillosa: muestran de forma concluyente que ellos están encontrando la causa por la cual pueden asegurarse la salud, la armonía, la abundancia y cualquier otra cosa que pueda ser necesaria para su bienestar y su felicidad.

La vida es expresiva, y nosotros debemos expresarnos armoniosa y constructivamente. La tristeza, la desdicha, la infelicidad, la enfermedad y la pobreza no son necesidades, y estamos eliminándolas constantemente.

Pero este proceso de eliminación consiste en elevarse por encima de cualquier tipo de limitaciones y dejarlas atrás. La persona que ha fortalecido y purificado sus pensamientos no tiene que preocuparse por los microbios, y quien ha llegado a una comprensión de la ley de la abundancia llegará inmediatamente a la fuente de suministro.

Es así como la suerte, la fortuna y el destino serán controlados con la misma rapidez con que un capitán controla su barco, o un maquinista su tren.

Capítulo cuatro

El «yo» que hay en ti no es tu cuerpo físico. El cuerpo es simplemente un instrumento que el «yo» utiliza para llevar a cabo sus propósitos. El «yo» no puede ser la Mente, pues la mente es sencillamente otro instrumento que el «yo» utiliza para pensar, razonar y planificar.

El «yo» debe ser algo que controla y dirige tanto el cuerpo como la mente; algo que determina qué harán y cómo actuarán. Cuando te des cuenta de la verdadera naturaleza de este «yo», disfrutarás de una sensación de poder que nunca antes habías conocido.

Tu personalidad está compuesta por innumerables características individuales, peculiaridades, hábitos y rasgos de carácter que son el resultado de tu antigua forma de pensar, pero que no tienen nada que ver con el «yo» real.

Cuando dices, «Yo pienso», el «yo» le dice a la mente lo que debe pensar; cuando dices, «Yo voy», el «yo» le dice al cuerpo dónde debe ir. La verdadera naturaleza de este «yo» es espiritual, y es la fuente del auténtico poder que obtienen hombres y mujeres cuando toman consciencia de su verdadera naturaleza.

El poder más grande y más maravilloso que se le ha dado a este «yo» es el poder de pensar. Sin embargo, pocas personas saben cómo pensar de forma constructiva, o correctamente, y en consecuencia sólo consiguen resultados mediocres. La mayoría de la gente deja que sus pensamientos giren excesivamente en torno a objetivos egoístas, lo cual es el resultado inevitable de una mente infantil. Cuando la mente madura, comprende que en todo pensamiento egoísta está el germen de la derrota.

La mente entrenada sabe que toda transacción debe beneficiar a todas las personas que están relacionadas de alguna manera con la transacción, y que cualquier intento de beneficiarse de la debilidad, la ignorancia o la necesidad de otra persona obrará, inevitablemente, en su detrimento.

Esto se debe a que el individuo es parte de lo Universal. Una parte no puede antagonizar con ninguna otra parte. Antes bien, por el contrario, el bienestar de cada parte depende del reconocimiento del interés de la totalidad.

Quienes reconocen este principio tienen una gran ventaja en los asuntos de la vida. No se agotan. Pueden eliminar los pensamientos errantes con facilidad. Pueden concentrarse fácilmente en cualquier tema del grado más alto posible. No pierden el tiempo ni el dinero en objetos que no les aportan ningún beneficio.

Si no puedes hacer estas cosas es porque hasta ahora no has realizado el esfuerzo necesario. Ahora es el momento de que lo hagas. El resultado será exactamente proporcional al esfuerzo realizado. Una de las afirmaciones más poderosas que puedes utilizar con el propósito de fortalecer la voluntad y realizar tu capacidad de tener éxito es: «Puedo ser lo que yo quiera ser».

Cada vez que repitas esto, date cuenta de qué y quién es ese «yo», intenta comprender plenamente la naturaleza de ese «yo». Si lo haces, serás invencible; esto es, siempre y cuando tus objetivos y tus fines sean constructivos y, en consecuencia, estén en armonía con el principio creador del Universo.

Si haces uso de esta afirmación, hazlo continuamente, por la noche y por la mañana y, durante el día, cada vez que pienses en ella. Continúa haciéndolo hasta que sea parte de ti. Crea el hábito.

Si no vas a hacerlo, es mejor que no empieces, porque la psicología moderna dice que cuando comenzamos algo y no lo acabamos, o cuando tomamos una decisión y no la mantenemos, estamos creando el hábito del fracaso, del fracaso absoluto e ignominioso. Si no tienes intención de hacer nada, no empieces. Si lo haces, llega hasta el final, aunque se caiga el cielo. Si decides actuar, adelante; no dejes que nada, ni nadie, interfiera. El «yo» que hay en ti ha tomado una decisión, está decidido. La suerte está echada; no hay nada que discutir.

Si llevas a cabo esta idea, empezando por las pequeñas cosas que sabes que puedes controlar y aumentando gradualmente el esfuerzo

–pero sin dejar nunca, bajo ninguna circunstancia, que tu «yo» sea anulado– descubrirás que al final logras controlarte. Muchos hombres y mujeres han descubierto, para su tristeza, que es más fácil controlar un reino que controlarse a sí mismos.

Cuando hayas aprendido a controlarte habrás encontrado el «Mundo Interior» que controla al mundo exterior; te habrás vuelto irresistible; las personas y las cosas responderán a todos tus deseos sin ningún esfuerzo aparente por tu parte.

Esto no es ni tan extraño ni tan imposible como parece cuando uno recuerda que el «Mundo Interior» está controlado por el «yo», y que este «yo» es una parte del «yo» Infinito que es la Energía Universal, o el Espíritu, normalmente llamado Dios.

No se trata de una mera afirmación o teoría hecha con el propósito de confirmar o establecer una idea, sino que es una realidad que ha sido aceptada por el mejor pensamiento religioso, así como por el mejor pensamiento científico.

Herbert Spender dijo: «De todos los misterios que nos rodean, ninguno es más cierto que el hecho de que estamos siempre en presencia de una Energía Infinita y Eterna de la cual proceden todas las cosas».

Lyman Abbott, en un discurso dado en el Seminario Teológico de Alumni de Bangor, dijo: «Estamos empezando a pensar que Dios habita en el hombre, en lugar de influir en el hombre desde fuera».

La ciencia avanza un poco en su búsqueda y se detiene. La ciencia encuentra a la siempre presente Energía Eterna, pero la religión encuentra el Poder que está detrás de esa energía y lo localiza dentro del hombre. Pero éste no es, en absoluto, un nuevo descubrimiento. La Biblia dice exactamente lo mismo, y el lenguaje es igual de sencillo y convincente: «¿Acaso no sabes que eres el Templo del Dios viviente?». He aquí, entonces, el secreto del maravilloso poder creador del «Mundo Interior».

He aquí el secreto del poder, del dominio. Vencer no significa prescindir de las cosas. La negación de uno mismo no es el éxito. No podemos dar a menos que recibamos; no podemos ayudar a menos que seamos fuertes. El Infinito no es una bancarrota, y los que somos los representantes del Poder Infinito no deberíamos estar tampoco en la bancarrota. Si queremos ser útiles debemos tener poder y más poder, pero para conseguirlo debemos dar; debemos ser útiles.

Cuanto más demos, más recibiremos. Tenemos que convertirnos en un canal por el cual lo Universal pueda expresar actividad. Lo Universal está continuamente intentando expresarse, ser útil, y busca un canal para encontrar la mayor actividad, hacer el mayor bien, ser de mayor servicio para la humanidad.

Lo Universal no puede expresarse a través de ti si estás ocupado con tus planes, con tus propios objetivos. Aquieta los sentidos, busca inspiración, centra la actividad mental en el interior, permanece en la consciencia de tu unidad con la Omnipotencia. «Las aguas tranquilas llegan a lo más profundo.» Contempla las múltiples oportunidades a las que tienes acceso espiritual por la Omnipresencia del poder.

Visualiza los acontecimientos, las circunstancias y las condiciones que puedes manifestar con ayuda de estas conexiones espirituales. Toma consciencia del hecho de que la esencia y el alma de todas las cosas es espiritual, y de que lo espiritual es lo real, porque es la vida de todo lo que existe. Cuando no hay espíritu, no hay vida: está muerta; ha dejado de existir.

Estas actividades mentales pertenecen al mundo interior, al mundo de la causa, y las condiciones y las circunstancias resultantes son el efecto. Así es como te conviertes en un creador. Éste es un trabajo importante, y cuanto más elevados, más sublimes, más grandiosos y más nobles sean los ideales que puedas concebir, más importante será el trabajo.

El exceso de trabajo, o el exceso de juego, o el exceso de actividad corporal de cualquier tipo producen unas condiciones de apatía mental y estancamiento que hacen imposible que uno pueda realizar el trabajo más importante, el cual tiene como resultado la realización del poder consciente. Por lo tanto, deberíamos buscar la frecuencia del silencio. El poder llega a través del reposo. Es en el silencio que podemos estar serenos, y cuando estamos serenos podemos pensar, y el pensamiento es el secreto de todo éxito.

El pensamiento es una modalidad del movimiento y es transportado por la ley de vibración, al igual que la luz o la electricidad. Las emociones le dan vitalidad a través de la ley del amor. El pensamiento adquiere forma y expresión por la ley del crecimiento. Es un producto del «yo» espiritual; de ahí su naturaleza divina, espiritual y creativa.

A partir de esto, es evidente que para que uno pueda expresar poder, abundancia o cualquier otro fin constructivo, debemos recurrir a las emociones para que le den sentimiento al pensamiento, para que éste pueda tomar forma. ¿Cómo se puede lograr este objetivo? Ése es el punto fundamental: ¿cómo podemos desarrollar la fe, el valor y el sentimiento que tendrán como resultado el éxito?

La respuesta es: mediante el ejercicio. La fuerza mental se consigue exactamente de la misma manera en que se consigue la fuerza física: mediante el ejercicio. Pensamos en algo, quizá con dificultad la primera vez; pensamos otra vez en lo mismo, y esta vez nos resulta más fácil; volvemos a pensar en ello una y otra vez; finalmente estamos convencidos de lo que pensamos: ya no hay ninguna duda al respecto. Estamos seguros; lo sabemos.

La semana pasada te pedí que te relajaras, que te soltaras físicamente. Esta semana te voy a pedir que te sueltes mentalmente. Si has practicado el ejercicio que te di la semana pasada durante quince o veinte minutos al día, de acuerdo con las instrucciones, sin duda ahora puedes relajarte físicamente. Cualquiera que no sea capaz de hacerlo rápidamente y por completo no es dueño de sí mismo; no ha obtenido la libertad; todavía es esclavo de las circunstancias. Pero voy a dar por sentado que tú has dominado el ejercicio y que estás preparado para dar el siguiente paso, que es la libertad mental.

Esta semana, después de adoptar tu posición habitual, elimina toda tensión relajándote completamente. Luego suelta, mentalmente, todos los estados adversos, como el odio, la rabia, la preocupación, los celos, la envidia, los problemas o decepciones de cualquier tipo.

Quizá digas que no puedes «soltar» todas esas cosas, pero sí puedes: puedes hacerlo decidiendo mentalmente que lo vas a hacer, mediante la intención voluntaria y la perseverancia.

El motivo por el cual algunas personas no logran hacerlo es porque permiten que las emociones las controlen, en lugar del intelecto. Pero quienes estén guiados por el intelecto obtendrán la victoria. No lo conseguirás la primera vez que lo intentes, pero con la práctica se logra la perfección en esto y en todo lo demás. Debes conseguir rechazar, eliminar y destruir por completo esos pensamientos negativos y destructivos, porque son la semilla que está creando continuamente circunstancias discordantes, de todas las clases y descripciones concebibles.

Estudia las preguntas y sus respuestas

31. ¿Qué es el pensamiento?
    El pensamiento es energía espiritual.

32. ¿Cómo es transportado?
    Por la ley de vibración.

33. ¿Cómo se le da vitalidad?
    Mediante la ley del amor.

34. ¿Cómo toma forma?
    Por la ley de crecimiento.

35. ¿Cuál es el secreto de su poder creador?
    Que es una actividad espiritual.

36. ¿Cómo podemos desarrollar la fe, la valentía y el entusiasmo que producirán el éxito?
    Mediante un reconocimiento de nuestra naturaleza espiritual.

37. ¿Cuál es el secreto del Poder?
    El servicio.

38. ¿Por qué?
    Porque recibimos lo que damos.

39. ¿Qué es el Silencio?
Una quietud física.

40. ¿Qué valor tiene?
Es el primer paso para el autocontrol, para el dominio de uno mismo.

❧ *Capítulo cinco* ❧

Aquí encontrarás el Capítulo Cinco. Después de estudiar esta parte detenidamente, verás que toda fuerza, u objeto, o hecho concebible es el resultado de la mente en acción.

La mente en acción es pensamiento, y el pensamiento es creador. Las personas están pensando ahora como no lo habían hecho nunca antes.

Por lo tanto, ésta es una era creativa, y el mundo está dando sus mejores premios a quienes piensan. La materia es impotente, pasiva, inerte. La mente es fuerza, energía, poder. La mente da forma a la materia y la controla. Cada forma que adopta la materia no es sino la expresión de algún pensamiento preexistente.

Pero el pensamiento no produce transformaciones mágicas; obedece a unas leyes naturales; pone en movimiento a las fuerzas naturales; libera energías naturales. Se manifiesta en tu conducta y en tus actos y éstos, a su vez, reaccionan en tus amigos y conocidos y, finalmente, en todo tu entorno. Puedes dar origen a los pensamientos y, puesto que éstos son creativos, puedes crear tú mismo las cosas que deseas.

Capítulo cinco

Al menos un noventa por ciento de nuestra vida mental es subconsciente, de manera que quienes no hacen uso de este poder mental viven dentro de unos límites sumamente estrechos.

El subconsciente puede resolver cualquier problema para nosotros, y de hecho lo hará si sabemos cómo dirigirlo. Los procesos subconscientes siempre están en funcionamiento; la única pregunta es: ¿debemos ser simplemente receptores pasivos de esta actividad, o debemos dirigir conscientemente el trabajo? ¿Debemos tener una visión del destino que queremos alcanzar, de los peligros a evitar, o debemos simplemente dejarnos llevar?

Hemos descubierto que la mente está presente en todas las partes del cuerpo físico y siempre puede ser dirigida o impresionada por una autoridad proveniente de la parte más objetiva o más dominante de la mente.

La mente, que está presente en todo el cuerpo, es en gran medida el resultado de la herencia, la cual, a su vez, es simplemente el resultado de todos los ambientes de todas las generaciones anteriores en las fuerzas vitales sensibles y siempre en movimiento. Una comprensión de este hecho nos permitirá utilizar nuestra autoridad cuando encontremos que se está manifestando algún rasgo de carácter indeseable.

Podemos usar conscientemente todas las características deseables que nos han sido donadas y podemos reprimir las que son indeseables, y negarnos a permitir que se manifiesten.

Por otro lado, esta mente que está presente en todo nuestro cuerpo físico no sólo es el resultado de las tendencias hereditarias, sino también del ambiente del hogar, del trabajo y social, en el que hemos recibido miles de impresiones, ideas, prejuicios y pensamientos similares. Una gran parte de ello la hemos recibido de otras personas, como resultado de opiniones, sugerencias o afirmaciones y otra gran parte es el resultado de nuestra propia forma de pensar. Sin embargo, prácticamente todo ello ha sido aceptado con poco análisis o estudio, o ninguno.

La idea nos pareció plausible, la mente consciente la recibió y la transmitió al subconsciente, donde fue aceptada por el sistema simpático e incorporada en nuestro cuerpo físico. «La palabra se hizo carne.»

Así es, entonces, como estamos constantemente creándonos y recreándonos. Hoy somos el resultado de nuestros pensamientos del pasado, y seremos lo que estamos pensando hoy. La Ley de Atracción no nos está aportando las cosas que nos gustaría tener, ni las cosas que deseamos, ni lo que tiene otra persona, sino «lo nuestro»: las cosas que hemos creado a través de nuestros procesos de pensamiento, consciente o inconscientemente. Desgraciadamente, muchos de nosotros estamos creando estas cosas inconscientemente.

Si alguno de nosotros se estuviera construyendo una casa, sería muy cuidadoso respecto a los planos, estudiaría cada detalle, se fijaría en el material y elegiría únicamente lo mejor. Sin embargo, qué descuidados somos cuando se trata de construir nuestro Hogar Mental, que es infinitamente más importante que cualquier hogar físico, ya que todo lo que entra en nuestras vidas depende del carácter del material que entra en la construcción de nuestro Hogar Mental.

¿Cuál es el carácter de este material? Hemos visto que es el resultado de las impresiones que hemos acumulado en el pasado y almacenado en nuestra Mentalidad subconsciente. Si esas impresiones han sido de miedo, preocupación, aprensión o ansiedad; si han sido pesimistas, negativas, de dudas, entonces la textura del tejido que estamos tejiendo hoy estará hecha de la misma sustancia negativa. En lugar de ser de algún valor, estará mohosa y podrida, y sólo nos traerá más fatiga, preocupaciones y ansiedad. Siempre estaremos ocupados intentando remendarla y haciendo que parezca valiosa.

Pero si sólo hemos almacenado pensamientos valientes, si hemos sido optimistas, positivos, si hemos arrojado inmediatamente cualquier tipo de pensamiento negativo a la basura, si nos hemos negado a tener nada que ver con él, si nos hemos negado a relacionarnos con él o a identificarnos con él en modo alguno, entonces, ¿cuál es el resultado? Nuestro tejido mental es ahora de la mejor clase; podemos tejer cualquier tipo de tejido que queramos; podemos usar los colores que deseemos; sabemos que la textura es firme, que el tejido es sólido, que no se desvanecerá, y no tenemos ningún miedo, ninguna ansiedad respecto al futuro. No hay nada que ocultar, no hay ningún parche que ocultar.

Ésta es una realidad psicológica. No es una teoría o una suposición sobre estos procesos de pensamiento. No hay nada secreto en ella; de hecho, es tan sencilla que cualquiera la puede entender. Lo que hay que hacer es una limpieza de nuestra «casa mental» y hacerlo cada día para mantener la casa limpia. La limpieza mental, moral y física son absolutamente indispensables si queremos hacer algún progreso.

Cuando este proceso de limpieza mental ha sido realizado, el material que quede será adecuado para la realización del tipo de ideales o imágenes mentales que deseamos realizar.

Hay una estupenda propiedad esperando a ser reclamada. Sus grandes acres, con abundantes cultivos, arroyos y bellos árboles, se extienden hasta donde alcanza la vista. Hay una mansión, espaciosa y alegre, con pinturas poco comunes, una biblioteca bien surtida, ricas lámparas de techo y todas las comodidades y lujos. Lo único que tiene que hacer el heredero es declarar su derecho a la herencia, tomar posesión y usar la propiedad. Tiene que utilizarla; no debe dejar que se deteriore, pues el uso es la condición para conservarla. Descuidarla es perder la posesión.

En los dominios de la mente y el espíritu, en los dominios del poder práctico, hay una propiedad como. esa, y es tuya. ¡Eres el heredero! Puedes declarar tu derecho a la heredarla y poseerla, y utilizar esta rica herencia. El poder sobre las circunstancias es uno de sus frutos; la salud, la armonía y la prosperidad son bienes en su balance. Te ofrece serenidad y paz. El coste es únicamente la tarea de estudiar y cosechar sus grandes recursos. No exige ningún sacrificio, excepto la pérdida de tus limitaciones, tus servidumbres y tus debilidades. Te reviste de honor y coloca un cetro en tus manos.

Para obtener esta propiedad, son necesarios tres procesos: 1) Debes desearla de todo corazón. 2) Debes declarar lo que reclamas. 3) Debes tomar posesión.

Admites que ésas no son circunstancias gravosas.

Estás familiarizado con el tema de la herencia. Darwin, Huxley, Haeckel y otros científicos físicos han reunido infinidad de pruebas de que la herencia es una ley sobre la creación progresiva. La herencia progresiva es lo que da al ser humano su actitud erguida, su fuerza motriz, los órganos de la digestión, la circulación sanguínea, la fuerza nerviosa, la fuerza muscular, la estructura ósea y una serie de otras facultades en el aspecto físico. Existen datos incluso más impresionantes sobre la herencia de la fuerza mental. Todo ello constituye lo que se podría llamar la herencia humana.

Pero hay una herencia que los científicos físicos no han comprendido. Subyace a todas sus investigaciones y las antecede. En ese punto en el que alzan las manos con desesperación, diciendo que no pueden explicar lo que ven, se encuentra esta herencia divina en pleno dominio.

Es la fuerza benigna que decreta la creación original. Desciende desde lo divino, directamente hasta todos los seres creados. Origina la vida: algo que el científico no ha hecho, ni podrá hacer, jamás. Destaca entre todas las fuerzas supremas y es inalcanzable. Ninguna herencia humana puede acercarse a ella. Ninguna herencia humana está a su altura.

Esta Vida Infinita fluye a través de ti: eres tú. Sus puertas no son más que las facultades que componen tu consciencia. Mantener estas puertas abiertas es el Secreto del Poder. ¿Acaso no vale la pena hacer el esfuerzo?

El gran dato es que la fuente de toda vida y de todo poder proviene de tu interior. Las personas, circunstancias y acontecimientos pueden sugerir necesidad y oportunidades, pero la comprensión, la fuerza y el poder para responder a esas oportunidades las encontrarás en tu interior.

Evita las falsedades. Crea unos cimientos firmes para tu conciencia sobre fuerzas que fluyan directamente de la fuente Infinita, la Mente Universal, de la cual eres imagen y semejanza.

Quienes toman posesión de esta herencia nunca vuelven a ser exactamente los mismos. Ahora poseen un sentido del poder con el que nunca antes habían soñado. Nunca volverán a ser tímidos, débiles, vacilantes o temerosos. Están indisolublemente conectados con la Omnipotencia. Algo ha despertado en ellos; súbitamente, han descubierto que poseen una vasta habilidad latente de la que, hasta ahora, no habían sido del todo conscientes.

Este poder proviene del interior, pero no podemos recibirlo a menos que lo demos. El uso es la condición para conservar esta herencia. Cada uno de nosotros no es más que un canal a través del cual el poder Omnipotente está siendo diferenciado para tomar forma. Si no damos, el canal se obstruye y ya no podemos seguir recibiendo. Esto se aplica en todos los planos de la existencia, en todos los campos de acción y en todos los ámbitos de la vida. Cuanto más damos, más recibimos. El atleta que quiere estar más fuerte debe hacer uso de la fuerza que tiene, y cuanto más dé, más recibirá. El financiero que desea hacer dinero debe hacer uso del dinero que tiene, porque únicamente usándolo podrá conseguir más.

El comerciante que no deje que sus mercancías salgan continuamente pronto dejará de recibir; la empresa que no proporcione un servicio eficiente pronto se quedará sin clientes; el abogado que no consiga resultados pronto se quedará sin clientes, y así ocurre en todas partes. El poder depende de que uno haga un uso adecuado del poder que ya posee. Lo que es cierto en todos los campos de acción, en todas las experiencias en la vida, es cierto para el poder del que provienen todos los demás poderes conocidos por el hombre: el poder espiritual. Si quitas el espíritu, ¿qué queda? Nada.

Entonces, si el espíritu es todo lo que hay, del reconocimiento de este hecho dependerá la capacidad de demostrar todo poder, ya sea físico, mental o espiritual.

Toda posesión es el resultado de la actitud de crecimiento de la mente o la consciencia del dinero. Ésta es la varita mágica que te permitirá recibir la idea y formulará planes para que tú los ejecutes, y encontrarás tanto placer en la ejecución como en la satisfacción de la consecución y el éxito.

Ahora, ve a tu habitación, siéntate en el mismo lugar y en la misma posición que antes y, mentalmente, elige un lugar que tenga asociaciones agradables para ti. Crea una imagen mental completa de él, visualiza las construcciones, los suelos, los árboles, los amigos, las asociaciones; todo completo. Al principio te encontrarás pensando en todo menos en el ideal en el que deseas concentrarte, pero no dejes que esto te desanime. La perseverancia triunfará, pero es necesario que practiques estos ejercicios todos los días, sin falta.

Estudia las preguntas y sus respuestas

41. ¿Qué proporción de nuestra vida mental es subconsciente?
    Al menos un noventa por ciento.

42. Por lo general, ¿utilizamos este enorme almacén mental?
    No.

43. ¿Por qué no?
    Pocas personas comprenden o aprecian el hecho de que esta es una actividad que ellas pueden dirigir conscientemente.

44. ¿De dónde ha recibido la mente consciente las tendencias que la gobiernan?
    De la herencia: lo cual quiere decir que es el resultado de todos los ambientes de todas las generaciones anteriores.

45. ¿Qué nos da la ley de atracción?
    Lo que es «nuestro».

46. ¿Qué es lo «nuestro»?
    Aquello que somos inherentemente, y es el resultado de nues-

tros pensamientos del pasado, tanto conscientes como subconscientes.

47. ¿De qué está compuesto el material con el que construimos
nuestro hogar mental?
De los pensamientos que tenemos.

48. ¿Cuál es el Secreto del Poder?
Un reconocimiento de la omnipresencia de la omnipotencia.

49. ¿Dónde se origina?
Toda vida y todo poder provienen del interior.

50. ¿De qué depende la posesión del poder?
Del uso adecuado del poder que ya poseemos.

✖ *Capítulo seis* ✖

Es mi privilegio ofrecerte el Capítulo Seis. Este capítulo te proporcionará una comprensión excelente del mecanismo más maravilloso que ha sido creado jamás. Un mecanismo con el cual puedes crear para ti salud, fortaleza, éxito, prosperidad o cualquier otra condición que desees.

Las necesidades son exigencias, las exigencias crean acción y las acciones producen resultados. El proceso de evolución está construyendo continuamente nuestro «mañana» a partir de nuestro «hoy». El desarrollo individual, al igual que el desarrollo Universal, debe ser gradual, con una capacidad y un volumen siempre crecientes.

El conocimiento de que si violamos los derechos de los demás nos convertimos en espinas morales y acabamos enredados en cada curva del camino debería ser una indicación de que el éxito depende del más alto ideal moral, que es «El mayor bien para el mayor número». Unas aspiraciones, unos deseos y unas relaciones armoniosas mantenidas continua y persistentemente conseguirán resultados. El mayor impedimento son las ideas erróneas y fijas.

Para estar en sintonía con la verdad eterna debemos tener aplomo y armonía en nuestro interior. Para poder recibir inteligencia, el receptor debe estar en sintonía con el transmisor.

El pensamiento es un producto de la Mente y la Mente es creativa, pero esto no significa que lo Universal cambiará su modus operandi para encajar con nosotros o con nuestras ideas. Lo que sí significa es que podemos llegar a tener una relación armoniosa con lo Universal. Cuando lo hayamos logrado, entonces podremos pedir cualquier cosa a la que tengamos derecho, y veremos el camino con toda claridad.

Capítulo seis

La Mente Universal es tan maravillosa que es difícil comprender sus poderes y posibilidades utilitarias y sus efectos productores ilimitados.

Hemos descubierto que esta Mente no sólo es toda inteligencia, sino que también es toda sustancia. ¿Cómo se diferencia, entonces, en la forma? ¿Cómo podemos asegurarnos de conseguir el efecto que deseamos?

Pregúntale a cualquier electricista cuál es el efecto de la electricidad y te responderá que «la electricidad es una forma de movimiento y su efecto dependerá del mecanismo al que esté conectada». De ese mecanismo dependerá que obtengamos calor, luz, energía, música o cualquier otra maravillosa demostración del poder para el que esta energía fundamental ha sido utilizada.

¿Qué efecto puede producirse con el pensamiento? La respuesta es que el pensamiento es mente en movimiento (del mismo modo que el viento es aire en movimiento), y sus efectos dependerán enteramente del «mecanismo al que esté conectado».

Aquí tenemos, entonces, el secreto de todo poder mental: depende enteramente del mecanismo al que nos conectemos.

¿Cuál es este mecanismo? Sabes algo sobre el mecanismo que ha sido inventado por Edison, Bell, Marconi y otros magos de la electricidad, por el cual el lugar, el espacio y el tiempo se han convertido en meras figuras, pero ¿alguna vez te has parado a pensar que el mecanismo que posees para transformar el Poder Potencial Omnipresente, Universal, fue inventado por alguien más grande que Edison?

Estamos acostumbrados a examinar el mecanismo de los implementos que usamos para labrar la tierra, e intentamos comprender el mecanismo del automóvil que conducimos, pero la mayoría de nosotros se contenta con permanecer en la más absoluta ignorancia acerca del mecanismo más grande que ha existido jamás: el cerebro humano.

Examinemos las maravillas de este mecanismo. Quizá así podamos comprender mejor los diversos efectos de los que es la causa.

En primer lugar, vivimos, nos movemos y existimos en un gran mundo mental. Ese mundo es omnipotente, omnisciente y omnipresente, y responde a nuestros deseos en proporción directa a nuestro objetivo y nuestra fe. El objetivo debe estar de acuerdo con la ley de nuestro ser; es decir, debe ser creativo o constructivo. Nuestra fe debe ser lo bastante grande como para generar una corriente lo suficientemente fuerte como para traer a nuestro objetivo a la manifestación. «Como sea tu fe, así te ocurrirá» lleva el sello de la prueba científica.

Los efectos que se producen en el mundo exterior son el resultado de la acción y reacción del individuo sobre lo Universal. Éste es el proceso que llamamos pensamiento. El cerebro es el órgano a través del cual se realiza este proceso. ¡Piensa en el prodigio de todo ello! ¿Amas la música, las flores, la literatura, o te sientes inspirado por el pensamiento de los genios antiguos o modernos? Recuerda que toda la belleza a la que respondes debe tener su correspondiente esbozo en tu cerebro para que puedas apreciarla.

No hay ninguna virtud o principio en el almacén de la naturaleza que el cerebro no pueda expresar. El cerebro es un mundo embrionario, preparado para desarrollarse en cualquier momento, cuando surja la necesidad. Si puedes comprender que ésta es una verdad científica y una de las maravillosas leyes de la naturaleza, te resultará más fácil entender el mecanismo por el cual se pueden conseguir estos extraordinarios resultados.

El sistema nervioso ha sido comparado con un circuito eléctrico con su batería de células en las que se origina la energía, y su materia blanca ha sido comparada con los cables aislados por los que se transmite la corriente. Es a través de estos canales que cada impulso o deseo es transportado por este mecanismo.

La médula espinal es el gran motor y sendero sensorial por el que los mensajes son transmitidos al cerebro y desde el cerebro. Luego está el suministro de sangre que circula por las venas y las arterias, renovando nuestra energía y nuestra fuerza, la estructura perfectamente organizada sobre la que descansa todo el cuerpo físico. Y por último, la delicada y bella piel que, revistiendo todo el mecanismo, es un manto de belleza.

Éste es, entonces, el «Templo del Dios viviente», y al «yo» individual se le otorga el control. De su comprensión del mecanismo que está bajo su control dependerá el resultado.

Cada pensamiento pone en actividad a las células del cerebro. Al principio, la sustancia a la que el pensamiento está dirigido no responde, pero si el pensamiento está lo suficientemente refinado y concentrado, la sustancia finalmente cede y se expresa a la perfección.

Esta influencia de la mente puede ser ejercida sobre cualquier parte del cuerpo, lo que provoca la eliminación de cualquier efecto indeseable.

Una perfecta concepción y comprensión de las leyes que gobiernan el mundo mental tiene un valor incalculable en las transacciones de negocios, ya que desarrolla la capacidad de discernimiento y proporciona una compresión más clara y una apreciación de los hechos.

La persona que mira en su interior en lugar de mirar al exterior no puede dejar de hacer uso de las poderosas fuerzas que finalmente determinarán su rumbo en la vida, haciéndola a vibrar con todo lo mejor, lo más fuerte y lo más deseable.

La atención o la concentración es probablemente el elemento esencial para el desarrollo de la cultura de la mente. Las posibilidades de la atención, cuando es dirigida correctamente, son tan asombrosas que el no iniciado difícilmente las encuentra creíbles. El cultivo de la atención es la característica distintiva de todo hombre o mujer de éxito, y es el más elevado logro personal que se puede conseguir.

El poder de la atención se puede comprender más fácilmente si lo comparamos con una lupa en la que se concentran los rayos del sol: mientras la lupa está en movimiento y los rayos van de un lado al otro, éstos no tienen ninguna fuerza, pero si mantenemos la lupa perfectamente inmóvil y dejamos que los rayos se concentren en un punto durante un lapso de tiempo, el efecto será inmediatamente evidente.

Lo mismo ocurre con el poder del pensamiento: si dejamos que se disipe llevándolo de un objeto a otro, no habrá ningún resultado aparente, pero si concentramos este poder mediante la atención o la concentración en un único fin durante un lapso de tiempo, no habrá nada que sea imposible.

Una solución muy sencilla para una situación muy compleja, dirán algunos. Muy bien, pruébalo, tú que no tienes ninguna experiencia en la concentración del pensamiento en un fin u objetivo claro. Elige cualquier objetivo y concentra tu atención en él para un fin claro durante al menos diez minutos: no lograrás hacerlo, porque tu mente divagará docenas de veces y tendrás que traerla de vuelta al objetivo original, y cada vez el efecto se habrá perdido. Transcurridos los diez minutos, no habrás conseguido nada, porque no habrás sido capaz de mantener el pensamiento continuamente en el objetivo.

Sin embargo, a través de la atención finalmente podrás superar cualquier obstáculo que aparezca en tu camino, y la única manera de adquirir este maravilloso poder es con la práctica. La práctica hace la perfección, en esto y en todo lo demás.

Para cultivar el poder de la atención, lleva contigo una fotografía al mismo asiento, en la misma habitación, en la misma posición que en las ocasiones anteriores. Examínala detenidamente durante al menos diez minutos; fíjate en la expresión de los ojos, en la forma de las facciones, en la ropa, en la forma en que está arreglado el cabello; de hecho, fíjate detenidamente en todos los detalles que aparezcan en la fotografía. A continuación, cúbrela, cierra los ojos e intenta verla mentalmente. Si eres capaz de ver cada detalle a la perfección y puedes formarte una buena imagen mental de la fotografía, te felicito; si no es así, repite el proceso hasta que logres hacerlo.

Este paso tiene, simplemente, la finalidad de preparar el terreno. La semana que viene estaremos preparados para sembrar la semilla.

Con ejercicios como éste finalmente podrás controlar tus estados de ánimo mentales, tu actitud y tu consciencia.

Los grandes financieros están aprendiendo a apartarse cada vez más de la multitud para poder tener más tiempo para planificar, pensar y generar los estados de ánimo mentales adecuados.

Las personas que se dedican a los negocios con éxito están demostrando constantemente el hecho de que vale la pena mantenerse en contacto con el pensamiento de otras personas de negocios exitosas.

Una sola idea puede valer millones de dólares, y las ideas sólo pueden llegar a las personas que están receptivas, que están preparadas para recibirlas, que están en un estado mental de éxito.

La gente está aprendiendo a estar en armonía con la Mente Universal, está aprendiendo la unidad de todas las cosas, está aprendiendo los métodos y principios básicos del pensar, y esto está cambiando las circunstancias y multiplicando los resultados.

Está descubriendo que las circunstancias y el entorno siguen la tendencia del progreso mental y espiritual. Descubre que el crecimiento sigue al conocimiento, que la acción sigue a la inspiración, que la oportunidad sigue a la percepción. Lo espiritual siempre viene primero, y luego su transformación en posibilidades infinitas e ilimitadas de éxito.

Puesto que el individuo es el canal para la diferenciación de lo Universal, estas posibilidades son, necesariamente, inagotables.

El pensamiento es el proceso por el cual podemos absorber el Espíritu del Poder y mantener el resultado en nuestra consciencia interior hasta que empiece a ser parte de nuestra consciencia normal. El método de conseguir este resultado mediante la práctica persistente de unos pocos principios fundamentales, tal como se explica en este Sistema, es la llave maestra que abre el almacén de la Verdad Universal.

Actualmente, las dos grandes fuentes del sufrimiento humano son las enfermedades del cuerpo y la ansiedad mental. Podemos encontrar el origen de estas cosas en la violación de alguna Ley Natural. Ello se debe, sin duda, al hecho de que hasta el momento el conocimiento ha sido parcial, pero las nubes de oscuridad que se han acumulado a lo largo de los siglos están empezando a alejarse y, con ellas, muchas de las aflicciones causadas por una información imperfecta.

Estudia las preguntas y sus respuestas

51. ¿Cuáles son algunos de los efectos que pueden ser producidos por la electricidad?
Calor, luz, energía y música.

52. ¿De qué dependen estos efectos diversos?
Del mecanismo al que está conectada la electricidad.

53. ¿Cuál es el resultado de la acción y la interacción de la mente individual con lo Universal?
Las condiciones y las experiencias con las que nos encontramos.

54. ¿Cómo se pueden cambiar estas condiciones?
Cambiando el mecanismo mediante el cual lo Universal se diferencia tomando forma.

55. ¿Cuál es este mecanismo?
El cerebro.

56. ¿Cómo se puede cambiar?
Mediante el proceso que llamamos pensamiento. Los pensamientos producen células cerebrales, y estas células responden al pensamiento correspondiente en lo Universal.

57. ¿Qué valor tiene el poder de concentración?
Es el más elevado logro personal que se puede conseguir, y la característica distintiva de todo hombre o mujer de éxito.

58. ¿Cómo se puede adquirir?
Practicando fielmente los ejercicios de este Sistema.

59. ¿Por qué es tan importante?

Porque nos permitirá controlar nuestros pensamientos y, puesto que los pensamientos son las causas, las circunstancias deben ser los efectos. Si podemos controlar la causa, también podemos controlar el efecto.

60. ¿Qué es lo que está cambiando las circunstancias y multiplicando los resultados en el mundo objetivo?

La gente está aprendiendo los métodos básicos del pensamiento constructivo.

❧ Capítulo siete ❧

A lo largo de los siglos, el hombre ha creído en un poder invisible, a través del cual y por el cual todas las cosas han sido creadas y están siendo recreadas continuamente. Podemos personalizar este poder y llamarlo Dios, o podemos pensar que es la esencia o el espíritu que está presente en todas las cosas, pero, en cualquier caso, es lo mismo.

En lo que concierne al individuo, lo objetivo, lo físico, lo visible, es lo personal, aquello que puede ser conocido por los sentidos. Está compuesto de cuerpo, cerebro y nervios. Lo subjetivo es lo espiritual, lo invisible, lo impersonal.

Lo personal es consciente porque es una entidad individual. Lo impersonal, al ser del mismo tipo y cualidad que todos los otros Seres, no es consciente de sí mismo y, por lo tanto, ha sido denominado subconsciente.

Lo personal, o consciente, tiene el poder de la voluntad y de elección y, por lo tanto, puede ejercitar el discernimiento en la selección de métodos con los que solucionar las dificultades.

Lo impersonal, o espiritual, al ser una parte de la fuente, o ser uno con la fuente, y ser el origen de todo poder, necesariamente no puede ejercitar esa elección. Sin embargo, tiene recursos Infinitos a su disposición. Puede producir resultados mediante métodos que la mente humana o individual no puede llegar a concebir, y lo hace.

Por lo tanto, verás que puedes elegir depender de la voluntad humana, con todas sus limitaciones e ideas equivocadas, o puedes utilizar las potencialidades de lo Infinito, haciendo uso de la mente subconsciente. Ésta es, entonces, la explicación científica del maravilloso poder que está bajo tu control si lo comprendes, lo aprecias y lo reconoces.

En este capítulo se explica un método para utilizar conscientemente este poder omnipotente.

Capítulo siete

La visualización es el proceso de crear imágenes mentales. La imagen es el molde o el modelo que te servirá como diseño a partir del cual emergerá tu futuro.

Haz que el diseño sea claro y hermoso. No tengas miedo, hazlo grandioso. Recuerda que nadie puede imponerte ninguna limitación, excepto tú mismo. No estás limitado en cuanto al coste o al material. Recurre al Infinito para el suministro, constrúyelo en tu imaginación; tendrá que estar ahí antes para que pueda aparecer en cualquier otro lugar.

Haz que la imagen sea clara y bien definida; mantenla firme en tu mente y gradualmente, con constancia, la acercarás cada vez más a ti. Puedes ser lo que «quieras ser».

Éste es otro dato psicológico muy conocido, pero desgraciadamente, leer sobre él no producirá ningún resultado que puedas imaginar; ni siquiera te ayudará a formar la imagen mental, y mucho menos a traerla a la manifestación. Es necesario el trabajo, un fuerte trabajo mental; el tipo de esfuerzo que muy pocas personas están dispuestas a realizar.

El primer paso es la idealización. Éste es, asimismo, el paso más importante, porque es el plano en base al cual vas a construir. Debe ser sólido, debe ser permanente. El arquitecto, cuando planifica un edificio de treinta plantas, ha imaginado antes cada línea y cada detalle. El ingeniero, cuando tiende un puente sobre un abismo, primero determina los requerimientos de fuerza de un millón de partes individuales.

Antes de dar un solo paso, ellos ven el final. De modo que debes imaginar en tu mente lo que quieres. Estás plantando la semilla, pero antes de plantar cualquier semilla debes saber cuál va a ser la cosecha. Esto es Idealización. Si no estás seguro, entonces regresa diariamente a tu silla hasta que la imagen esté clara. Ésta se desarrollará gradualmente: primero el plan general será borroso, pero irá tomando forma, primero el contorno, luego los detalles, y gradualmente desarrollarás el poder con el cual podrás formular planes que acabarán materializándose en el mundo objetivo. Llegarás a saber lo que el futuro te depara.

Después viene el proceso de visualización. Debes ver la imagen cada vez más completa, ver los detalles, y cuando éstos se empiecen a desplegar, se desarrollarán las maneras y los medios para traerla a la manifestación. Una cosa llevará a la otra. El pensamiento te llevará a la acción, la acción desarrollará los métodos, los métodos desarrollarán amigos y los amigos crearán las circunstancias. Finalmente, habrás realizado el tercer paso o la Manifestación.

Todos reconocemos que el Universo debe de haber sido concebido antes de que pudiera convertirse en un hecho material. Y si estamos dispuestos a seguir el ejemplo del Gran Arquitecto del Universo, descubriremos que nuestros pensamientos van tomando forma, del mismo modo que el universo adquirió una forma concreta. Es la misma mente que está funcionando a través del individuo. No hay ninguna diferencia de clase o de cualidad, la única diferencia está en el grado.

El arquitecto visualiza su edificio; lo ve tal como quiere que sea. Su pensamiento se convierte en un molde plástico del que acabará emergiendo el edificio, alto o bajo, hermoso o simple. Su visión toma forma sobre el papel y finalmente se utiliza el material necesario y el edificio está terminado.

El inventor visualiza su idea exactamente de la misma manera. Por ejemplo, Nikola Tesla, que tenía un gigantesco intelecto, uno de los más grandes inventores de todos los tiempos, el hombre que produjo las más asombrosas realidades, siempre visualizaba sus inventos antes de intentar desarrollarlos. No se apresuraba a llevarlos a la forma y luego se dedicaba a corregir los defectos. Habiendo construido primero la idea en su imaginación, la mantenía ahí como una imagen mental, para reconstruirla y mejorarla con su pensamiento. «De este modo —escribe en *The Electrical Experimenter*— puedo desarrollar y perfeccionar rápidamente un concepto sin tocar nada. Cuando he ido tan lejos que he incorporado en el invento todas las mejoras posibles que se me ocurren, y no veo ningún fallo en ninguna parte, transformo el producto de mi cerebro en algo concreto. Invariablemente, mi invento funciona tal como concebí que lo haría. En veinte años, no ha habido ni una sola excepción».

Si puedes seguir conscientemente estas indicaciones, desarrollarás la Fe, el tipo de Fe que es la «Sustancia de todas las cosas deseadas, la evidencia de las cosas no vistas». Desarrollarás la confianza, el tipo de confianza que lleva a la resistencia y la valentía; desarrollarás el poder de concentración que te permitirá excluir todos los pensamientos que no estén relacionados con tu propósito.

La ley dice que el pensamiento se manifestará en la forma, y sólo quien sepa ser el pensador divino de sus propios pensamientos podrá ocupar el lugar de un Maestro y hablar con autoridad.

La claridad y la exactitud se consiguen únicamente teniendo repetidas veces la imagen en la mente. Cada acción repetida hace que la imagen sea más clara y más exacta que la anterior, y la manifestación externa estará en proporción a la claridad y la exactitud de la imagen. Debes construirla firme y bien establecida en tu mundo mental, el mundo interior, para que pueda tomar forma en el mundo exterior; y no puedes construir nada de valor, ni siquiera en el mundo mental, a menos que tengas el material adecuado. Cuando tienes el material puedes construir cualquier cosa que desees, pero debes estar seguro de él. No puedes precipitarte.

Este material será sacado a la luz por millones de silenciosos trabajadores mentales y tomará la forma de la imagen que tengas en la mente.

¡Piensa en ello! Tienes más de cinco millones de trabajadores mentales, preparados y en actividad: se llaman células cerebrales. Además de ésta, hay otra fuerza de reserva al menos igual en número, preparada para ser llamada a la acción a la mínima necesidad. Tu poder de pensar es, entonces, prácticamente ilimitado, y esto quiere decir que tu poder de crear el tipo de material que es necesario para construirte cualquier tipo de entorno que desees es prácticamente ilimitado.

Además de estos millones de trabajadores mentales, tienes miles de millones de trabajadores mentales en el cuerpo, cada uno de los cuales posee la inteligencia suficiente para comprender cualquier mensaje o sugestión que se le dé, y actuar en consecuencia.

Lo hacen por la misma ley y de la misma manera en que toda forma de vida atrae hacia sí el material necesario para el crecimiento. El roble, la rosa, el lirio, todos requieren un determinado material para su expresión más perfecta, y se aseguran de conseguirlo mediante una petición silenciosa, la Ley de Atracción, la manera más segura de conseguir lo que requieres para tu desarrollo más completo.

Crea la Imagen Mental. Haz que sea clara, nítida, perfecta. Mantenla firmemente. Los caminos y los medios se desarrollarán; el suministro seguirá a la petición; serás guiado a hacer lo correcto en el momento correcto y de la forma correcta. El Deseo Serio producirá una Expectación Confiada y esto, a su vez, se verá reforzado por una Petición Firme. Estas tres cosas no pueden dejar de producir la Realización, porque el Deseo Serio es el sentimiento, la Expectación Confiada es el pensamiento y la Petición Firme es la voluntad. Y, como hemos visto, el sentimiento le da vitalidad al pensamiento y la voluntad lo mantiene, firmemente, hasta que la ley del Crecimiento lo trae a la manifestación.

¿No es maravilloso que el ser humano tenga tanto poder en su interior, unas facultades tan trascendentales de cuya existencia no tenía ni idea? ¿No es extraño que siempre se nos haya enseñado a buscar la fuerza y el poder en el «exterior»? Nos han enseñado a buscar en todas partes, excepto en el «interior», y siempre que el poder se manifestaba en nuestras vidas nos decían que era algo sobrenatural.

Al parecer, muchas personas han llegado a comprender este maravilloso poder y hacen un esfuerzo serio y concienzudo por obtener la salud, el poder y otras circunstancias, pero fracasan. Por lo visto, no son capaces de poner la Ley en funcionamiento. La dificultad en prácticamente todos los casos reside en que están lidiando con cosas externas. Quieren dinero, poder, salud y abundancia, pero no se dan cuenta de que esos son los efectos y que éstos sólo pueden llegar cuando se encuentra la causa.

Quienes no presten ninguna atención al mundo exterior buscarán únicamente afirmar la verdad y sólo buscarán la sabiduría. Descubrirán que esa sabiduría se despliega y revela la fuente de todo poder, que se manifiesta en el pensamiento y en la determinación, lo cual creará las condiciones externas deseadas. Esta verdad encontrará expresión en la intención noble y en la acción valiente.

Crea únicamente ideales, no dediques ningún pensamiento a las circunstancias externas, crea un mundo interior hermoso y opulento, y el mundo exterior expresará y manifestará el estado que tienes en tu interior. Llegarás a ser consciente de tu poder para crear ideales y esos ideales serán proyectados en el mundo del efecto.

Supongamos, por ejemplo, que un hombre está endeudado. Estará pensando continuamente en la deuda, concentrándose en ella y, puesto que los pensamientos son causas, el resultado será que no sólo hará que la deuda siga existiendo, sino que además creará más deudas. Esta persona está poniendo en funcionamiento la Ley de Atracción con el resultado habitual e inevitable: que la pérdida lleva a una mayor «pérdida».

¿Cuál es, entonces, el principio correcto? Concéntrate en las cosas que quieres, no en las cosas que no quieres. Piensa en la abundancia; idealiza los métodos y los planes para poner el funcionamiento la Ley de Abundancia. Visualiza el estado creado por la Ley de Abundancia: el resultado será la manifestación.

Si la ley funciona a la perfección para crear pobreza, carencias y todas las formas de limitación para las personas que están teniendo continuamente pensamientos de carencia y miedo, funcionará también con la misma certeza para producir las condiciones de abundancia y opulencia para aquellas personas que tengan pensamientos de coraje y poder.

Se trata de un problema difícil para muchos. Estamos demasiado ansiosos; manifestamos ansiedad, miedo, aflicción; queremos hacer algo; queremos ayudar; somos como un niño que acaba de plantar una semilla y remueve la tierra cada quince minutos para ver si está creciendo. Ciertamente, en esas circunstancias, la semilla nunca germinará y, sin embargo, eso es lo que muchos de nosotros hacemos en el mundo mental.

Tenemos que plantar la semilla y no molestarla. Esto no quiere decir que tengamos que sentarnos y no hacer nada, en absoluto: trabajaremos más y mejor que nunca, se nos proveerán continuamente nuevos canales y se nos abrirán nuevas puertas. Lo único necesario es tener una mente abierta y estar preparados para actuar cuando llegue el momento.

La fuerza del pensamiento es el medio más poderoso para obtener conocimientos, y si se concentra en cualquier tema resolverá el problema. Nada está fuera del alcance del poder de la comprensión humana, pero para utilizar la fuerza del pensamiento y hacer que haga lo que tú le ordenes hay que trabajar.

Recuerda que el pensamiento es el fuego que crea el vapor que hace girar la rueda de la fortuna, de la cual dependen tus experiencias.

Hazte algunas preguntas y luego espera reverentemente la respuesta. ¿Acaso no sientes de vez en cuando que el «yo» está contigo? ¿Afirmas tu «yo» o sigues a la mayoría? Recuerda que las mayorías siempre son conducidas; jamás conducen. Fue la mayoría la que luchó, con uñas y dientes, contra la máquina de vapor, el telar eléctrico y todos los demás avances o mejoras que se presentaron.

Para tu ejercicio de esta semana, visualiza a un amigo (o amiga). Imagínalo exactamente como lo viste la última vez, visualiza la habitación, recuerda la conversación. Luego visualiza su rostro, viéndolo claramente. Háblale sobre algún tema de interés mutuo; mira cómo cambia su expresión, observa cómo sonríe. ¿Puedes hacerlo? Muy bien, sí puedes. Entonces, despierta su interés, cuéntale la historia de una aventura, observa cómo se ilumina su mirada con el espíritu de la diversión o la emoción. ¿Puedes hacer todo esto? Si es así, tu imaginación es buena, estás realizando un progreso excelente.

Estudia las preguntas y sus respuestas

61. ¿Qué es la visualización?
El proceso de crear imágenes mentales.

62. ¿Cuál es el resultado de este método de pensamiento?
Manteniendo la imagen en la mente, podemos acercar las cosas a nosotros de una forma gradual. Podemos ser lo que queremos ser.

63. ¿Qué es la Idealización?
Es un proceso de visualizar o idealizar los planes que acabarán materializándose en nuestro mundo objetivo.

64. ¿Por qué son necesarias la claridad y la exactitud?
Porque «ver» crea «sentimiento» y el «sentimiento» crea «ser». Primero lo mental, luego lo emocional y finalmente las posibilidades ilimitadas de éxito.

65. ¿Cómo se obtienen?
Cada acción repetida hace que la imagen sea más exacta que la anterior.

66. ¿Cómo se consigue el material para la construcción de tu imagen mental?
Mediante millones de trabajadores mentales llamados células cerebrales.

67. ¿Cómo se consiguen las condiciones necesarias para producir la materialización de tu ideal en el mundo objetivo?
Mediante la Ley de Atracción. La ley natural por la cual se crean todas las circunstancias y experiencias.

68. ¿Cuáles son los tres pasos necesarios para poner esta ley en funcionamiento?
Deseo Serio, Expectación Confiada, Petición Firme.

69. ¿Por qué muchas personas fracasan?

Porque se concentran en la pérdida, en la enfermedad y en el desastre. La ley está funcionando a la perfección: las cosas que temen se les están presentando.

70. ¿Cuál es la alternativa?

Concentrarte en los ideales que deseas ver manifestados en tu vida.

❧ *Capítulo ocho* ❧

En este capítulo descubrirás que puedes elegir libremente lo que piensas, pero el resultado de tus pensamientos está gobernado por una ley inmutable. ¿No es maravilloso este pensamiento? ¿No es maravilloso saber que nuestras vidas no están a merced de cualquier tipo de capricho o variabilidad? Están gobernadas por la ley. Esta estabilidad es nuestra oportunidad, porque al ajustarnos a la ley podemos asegurarnos el efecto deseado con una precisión invariable.

Es la ley la que hace que el Universo sea una grandiosa obra de Armonía. De no ser por esta ley, el Universo sería un Caos en lugar de un Cosmos.

Éste es, entonces, el secreto del origen del bien y del mal. Aquí está todo el bien y el mal que han existido o existirán jamás.

Permíteme que me explique. El pensamiento tiene como resultado la acción: si tu pensamiento es constructivo y armonioso, el resultado será bueno; si tu pensamiento es destructivo o poco armonioso, el resultado será malo.

Por lo tanto, hay una sola ley, un principio, una causa y una Fuente de Poder. El bien y el mal son simplemente palabras que han sido acuñadas para indicar el resultado de nuestros actos, o si nos ajustamos o no a esta ley.

La importancia de esto está bien ilustrada en las vidas de Emerson y Carlyle. Emerson amaba el bien y su vida era una sinfonía de paz y armonía, mientras que Carlyle odiaba el mal, y su vida era un récord de perpetua discordia y desarmonía.

Aquí tenemos a dos grandes hombres, cada uno de ellos dispuesto a alcanzar el mismo ideal, pero uno hace uso del pensamiento constructivo y, por lo tanto, está en armonía con la Ley Natural, mientras que el otro usa el pensamiento destructivo y, por lo tanto, atrae todo tipo clase de discordias.

Por lo tanto, es evidente que no debemos odiar nada, ni siquiera el «mal», porque el odio es destructivo, y no tardaremos en descubrir que al tener pensamientos destructivos estamos sembrando el «viento» y acabaremos cosechando el «torbellino».

Capítulo ocho

El pensamiento contiene un principio vital, porque es el Principio Creador del Universo y, por su naturaleza, se combinará con otros pensamientos similares.

Puesto que el único propósito de la vida es el crecimiento, todos los principios que subyacen a la existencia deben contribuir a su funcionamiento. Por lo tanto, el pensamiento toma forma y, tarde o temprano, la ley del crecimiento lo trae a la manifestación.

Puedes elegir libremente lo que piensas, pero el resultado de tus pensamientos está gobernado por una ley inmutable. Cualquier línea de pensamiento en la que se insista no podrá dejar de producir resultados en el carácter, la salud y las circunstancias de la persona. Por lo tanto, los métodos con los que podemos reemplazar con hábitos de pensamiento constructivo los pensamientos que producen únicamente efectos indeseables tienen una importancia primordial.

Todos sabemos que esto no es fácil, en absoluto. Los hábitos mentales son difíciles de controlar, pero se puede lograr. La manera de hacerlo es empezar inmediatamente a sustituir los pensamientos destructivos con pensamientos constructivos. Adquiere el hábito de analizar cada pensamiento. Si es necesario, si su manifestación en lo objetivo será beneficiosa, no sólo para ti sino para todas las personas a las que podría afectar de alguna manera, mantenlo, atesóralo: es valioso; está en armonía con el Infinito; crecerá, se desarrollará y producirá frutos cien veces. Por otro lado, harías bien en tener presente esta cita de George Matthews Adams: «Aprende a mantener la puerta cerrada, a mantener fuera de tu mente, fuera de tu oficina y fuera de tu mundo a todos los elementos que quieren ser admitidos sin tener en vistas ninguna finalidad útil clara».

Si tu pensamiento ha sido crítico o destructivo y ha producido cualquier estado de discordia o desarmonía en tu entorno, quizá sería necesario que cultivaras una actitud mental que te lleve a un pensamiento constructivo.

Descubrirás que la imaginación es de gran ayuda para lograrlo. El cultivo de la imaginación lleva al desarrollo del ideal del que emergerá tu futuro.

La imaginación reúne el material con el cual la Mente teje la tela con la que se vestirá tu futuro.

La imaginación es la luz con la que podemos penetrar en nuevos mundos de pensamiento y de experiencia.

La imaginación es el poderoso instrumento con el cual todo descubridor, todo inventor, ha abierto camino desde el precedente hasta la experiencia. El precedente dijo: «Eso no se puede hacer»; la experiencia dijo: «Ya se ha hecho».

La imaginación es un poder plástico que modela las cosas de la sensación, convirtiéndolas en formas e ideales.

La imaginación es la forma constructiva del pensamiento que debe preceder a cada forma constructiva de acción.

Un constructor no puede construir ningún tipo de estructura sin antes recibir los planos del arquitecto, y el arquitecto debe obtenerlos de su imaginación.

Un magnate no puede construir una empresa gigantesca capaz de coordinar a cientos de pequeñas empresas y miles de empleados, y utilizar millones de dólares de capital, si antes no ha creado todo ese trabajo en su imaginación. Los objetos en el mundo material son como arcilla en las manos del alfarero. Es en la Mente Maestra donde se crean las cosas reales, y es con el uso de la imaginación como se realiza el trabajo. Para cultivar la imaginación hay que ejercitarla. El ejercicio es necesario para cultivar el músculo mental, así como los demás músculos. Hay que alimentar la imaginación o, de lo contrario, no podrá crecer.

No confundas Imaginación con Fantasía, o con esa forma de soñar despierto a la que se dedican algunas personas. Soñar despierto es una forma de derroche mental que puede conducir al desastre mental.

Imaginación constructiva significa trabajo mental, algo que muchos consideran que es el tipo de trabajo más difícil. Aunque así fuera, proporciona grandes recompensas, porque a los hombres y mujeres que tienen la capacidad de pensar, de imaginar y de hacer realidad sus sueños les llegan todas las grandes cosas en la vida.

Cuando seas completamente consciente de que la Mente es el único principio creador, de que es Omnipotente, Omnisciente y Omnipresente, y de que puedes ponerte conscientemente en armonía con esa Omnipotencia mediante el poder del pensamiento, habrás dado un gran paso en la dirección correcta.

El siguiente paso consiste en colocarte en posición de recibir este poder. Puesto que es Omnipresente, debe estar dentro de ti. Sabemos que es así porque todo poder proviene del interior, aunque debe ser desarrollado, desplegado, cultivado. Para hacerlo debemos estar receptivos, y esa receptividad se adquiere de la misma manera en que se adquiere la fuerza física: ejercitándola.

La ley de atracción te traerá, con certeza e infaliblemente, las circunstancias, el entorno y las experiencias en la vida que se corresponden con tu actitud mental habitual, característica y predominante. No con lo que piensas de vez en cuando, cuando estás en la iglesia o cuando acabas de leer un buen libro, SINO con tu actitud mental predominante, que es lo que cuenta.

No puedes tener pensamientos de debilidad, dañinos, negativos, durante diez horas al día y esperar crear circunstancias bellas, fuertes y armoniosas con diez minutos de pensamientos fuertes, positivos y creativos.

El verdadero poder proviene del interior. Todo el poder que cualquiera pueda llegar a utilizar está dentro del ser humano, esperando a que él lo haga visible reconociéndolo primero y luego afirmándolo como suyo, incorporándolo a su consciente hasta que sea uno con él.

La gente dice que desea una vida abundante, y es cierto, pero muchos interpretan que esto significa que si ejercitan sus músculos o respiran científicamente, si comen ciertos alimentos de determinadas maneras, si beben tantos vasos de agua al día a una determinada temperatura y si evitan las corrientes de aire, tendrán la vida abundante que buscan. El resultado de este tipo de métodos sólo es mediocre. Sin embargo, cuando la persona despierta a la verdad y afirma su apertura a toda la Vida, descubre que se le concede la visión clara, el paso ágil, el vigor de la juventud; se da cuenta de que ha descubierto la fuente de todo poder.

Todos los errores no son más que producto de la ignorancia. La adquisición de conocimiento y el consecuente poder es lo que determina el crecimiento y la evolución. El reconocimiento y la demostración del conocimiento son lo que constituye el poder, y ese poder es poder espiritual, y ese poder espiritual es el poder que se encuentra en el corazón de todas las cosas: es el alma del universo.

Este conocimiento es el resultado de la capacidad de pensar del ser humano. El pensamiento es, por lo tanto, el germen de la evolución consciente del hombre. Cuando una persona deja de avanzar en sus pensamientos e ideales, sus fuerzas empiezan a menguar y su semblante registra gradualmente estas condiciones cambiantes.

Las personas de éxito se encargan de tener ideales de las condiciones que desean realizar. Tienen siempre presente el siguiente paso necesario para avanzar hacia el ideal por el que están luchando. Los pensamientos son los materiales con los que construyen y la imaginación es su taller mental. La mente es la fuerza, siempre en movimiento, con la que consiguen a las personas y las circunstancias necesarias para construir la estructura de su éxito, y la imaginación es la matriz en la que se forjan todas las grandes cosas.

Si has sido fiel a tu ideal, oirás el llamado cuando las circunstancias estén preparadas para materializar tus planes y los resultados se corresponderán, de una forma exactamente proporcional, con tu fidelidad a tu ideal. El ideal firmemente mantenido es lo que predetermina y atrae las condiciones necesarias para su realización.

Es así como puedes entretejer un traje de espíritu y de poder en el tejido de toda tu existencia; es así como puedes llevar una vida encantada y estar siempre protegido de todo mal; es así como puedes convertirte en una fuerza positiva, por la cual podrás atraer estados de opulencia y armonía.

Ésta es la levadura que está penetrando gradualmente en la consciencia general y, en gran parte, es responsable de los estados de inquietud que son evidentes en todas partes.

En el último capítulo creaste una imagen mental, la llevaste de lo invisible a lo visible. Esta semana quiero que tomes un objeto, lo sigas hasta su origen y veas de qué está hecho realmente. Si lo haces, desarrollarás la imaginación, la comprensión, la percepción y la sagacidad. Estas cosas no llegan con la observación superficial de la multitud, sino mediante una observación analítica profunda que ve por debajo de la superficie.

Son pocos los que saben que las cosas que ven son sólo efectos y los que comprenden las causas por las que se originan esos efectos.

Adopta la misma postura que las veces anteriores y visualiza un acorazado; contempla a ese monstruo flotando sobre la superficie del agua. Parece como si no hubiera vida por ninguna parte; todo está en silencio. Sabes que, de lejos, la parte más grande del barco está debajo del agua; no está visible. Sabes que el barco es tan grande y tan pesado como un rascacielos de veinte pisos; sabes que hay cientos de hombres listos para lanzase inmediatamente a la tarea que se les ha asignado; sabes que cada sección está a cargo de oficiales capacitados, entrenados, expertos, que han demostrado ser competentes para hacerse cargo de este maravilloso mecanismo. Sabes que, aunque aparentemente no es consciente de todo lo demás, tiene ojos que lo ven todo a millas de distancia y que no está permitido que nada escape a su mirada vigilante. Sabes que, aunque parece tranquilo, sumiso e inocente, está preparado para lanzar un proyectil de acero que pesa miles de kilos contra un enemigo que está a miles de millas de distancia. Puedes tener esto y mucho más en tu mente, prácticamente sin ningún esfuerzo. Pero ¿cómo llegó el acorazado al lugar donde se encuentra?, ¿cómo llegó a existir? Si eres un observador cuidadoso, querrás saber todo esto.

Sigue las grandes planchas de acero por la fundición; imagina a los miles de hombres empleados en su producción; ve más allá y visualiza el mineral saliendo de la mina. Remóntate todavía más atrás y visualiza al arquitecto y a los ingenieros que diseñaron el barco. Deja que el pensamiento te lleve más lejos todavía para determinar por qué lo diseñaron. Verás que ahora estás tan lejos que el barco te parece algo intangible: ya no existe, ahora es sólo un pensamiento que está en el cerebro del arquitecto, pero ¿de dónde vino la orden de diseñar el barco? Seguramente del Ministerio de Defensa. Probablemente esta nave fue diseñada mucho antes de que se pensara siquiera en la guerra y el Congreso tuvo que pasar un proyecto de ley para asignar el dinero. Posiblemente hubo oposición y discursos a favor y en contra del proyecto. ¿A quiénes representan esos congresistas? Nos representan a ti y a mí, de modo que nuestra línea de pensamiento se inicia en el acorazado y acaba en nosotros. En el último análisis, vemos que nuestro pensamiento es responsable de esto y de muchas otras cosas en las que casi nunca pensamos. Una reflexión más profunda desarrollará el hecho más importante de todos, y es que si alguien no hubiera descubierto la ley por la cual se ha podido lograr que esta inmensa masa de acero y hierro flote en el agua, en lugar de irse directamente al fondo, el acorazado no habría llegado a existir.

Esta ley dice que «la gravedad específica de cualquier sustancia es el peso de cualquier volumen de ella, comparado con un volumen equivalente de agua». El descubrimiento de esta ley revolucionó todas las clases de viajes por mar, y también el comercio y la guerra, e hizo posible la existencia del acorazado, los portaviones y los barcos de crucero.

Descubrirás que este tipo de ejercicios tiene un valor incalculable. Cuando el pensamiento ha sido entrenado para mirar por debajo de la superficie, todo adquiere una apariencia distinta: lo insignificante se vuelve importante, lo poco interesante se vuelve relevante. Vemos que las cosas que suponíamos que no tenían ninguna importancia son en realidad las únicas cosas importantes que existen.

Cuida de este Día, porque es Vida, la Vida misma de la Vida. En su breve curso están todas las Verdades y Realidades de tu existencia, la Dicha del Crecimiento, la Gloria de la Acción, el Esplendor de la Belleza, porque el Ayer no es más que un Sueño y el Mañana es sólo una Visión; pero el Hoy bien vivido hace que todo Ayer sea un Sueño de Felicidad y todo Mañana sea una Visión de Esperanza. Por lo tanto ¡cuida bien de Este Día!

Estudia las preguntas y sus respuestas

71. ¿Qué es la imaginación?

    Es una forma de pensamiento constructivo. Es la luz con la que penetramos en nuevos mundos de pensamiento y experiencia, el poderoso instrumento con el que todo inventor o descubridor ha abierto el camino desde el precedente hasta la experiencia.

72. ¿Cuál es el resultado de la imaginación?

    El cultivo de la imaginación conduce al desarrollo del ideal del que emergerá tu futuro.

73. ¿Cómo se puede cultivar la imaginación?

    Mediante el ejercicio. Debe ser alimentada o, de lo contrario, no podrá vivir.

74. ¿Cómo se diferencia la imaginación del soñar despierto?

    El soñar despierto es una forma de derroche mental, mientras que la imaginación es una forma de pensamiento constructivo que debe preceder a toda acción constructiva.

75. ¿Qué son los errores?

    Son el resultado de la ignorancia.

76. ¿Qué es el conocimiento?

    Es el resultado de la capacidad de pensar del ser humano.

77. ¿Cuál es el poder con el que las personas de éxito construyen?

    La mente es la fuerza en movimiento con la que estas personas consiguen a la gente y las circunstancias necesarias para llevar a término sus planes.

78. ¿Qué predetermina el resultado?

    El ideal mantenido firmemente en la mente atrae las condiciones necesarias para su realización.

79. ¿Cuál es el resultado de una observación analítica profunda?
El desarrollo de la imaginación, la comprensión, la percepción y la sagacidad.

80. ¿A qué nos conducen estas cosas?
A la opulencia y la armonía.

✂ Capítulo nueve ✂

En esta parte podrás aprender a diseñar las herramientas con las que puedes crear para ti cualquier condición que desees. Si deseas cambiar las circunstancias debes cambiarte a ti mismo. Tus caprichos, tus deseos, tus fantasías, tus ambiciones, pueden verse frustrados a cada paso, pero tus pensamientos más íntimos encontrarán expresión con la misma certeza con que una planta brota de la semilla.

Supón, entonces, que deseamos cambiar las circunstancias. ¿Cómo lo haremos? La respuesta es simple: mediante la ley del crecimiento. Causa y efecto son tan absolutos y directos en el mundo oculto del pensamiento como en el mundo de las cosas materiales.

Mantén en tu mente la condición deseada; afírmala como si ya fuera un hecho existente. Esto indica el valor de una afirmación poderosa. Mediante la repetición constante se convierte en parte de nosotros. En realidad nos estamos cambiando a nosotros mismos; estamos convirtiéndonos en lo que deseamos ser.

El carácter no es algo al azar, sino que es el resultado de un esfuerzo continuo. Si eres tímido, vacilante, inseguro, o si estás excesivamente angustiado o agobiado por pensamientos de miedo o de un peligro inminente, recuerda que es axiomático que «dos cosas no pueden existir en el mismo lugar al mismo tiempo».

Exactamente lo mismo se aplica en el mundo mental y espiritual, de modo que tu remedio consiste simplemente en reemplazar los pensamientos de miedo, carencia y limitación con pensamientos de valentía, poder, seguridad en ti mismo y confianza.

La manera más fácil y más natural de hacer esto es elegir una afirmación que parezca encajar con tu caso particular.

Los pensamientos positivos destruirán a los negativos con la misma certeza con que la luz destruye a la oscuridad, y los resultados serán igualmente efectivos.

El acto es la flor del pensamiento, y las circunstancias son el resultado de la acción, de modo que tienes constantemente en tu posesión las herramientas con las que ciertamente y de forma inevitable te harás o te desharás a ti mismo. La alegría o el sufrimiento serán tu recompensa.

Capítulo nueve

Sólo hay tres cosas que se puede desear en el «mundo exterior», y cada una de ellas la podemos encontrar en el «mundo interior». El secreto para hacerlo es, simplemente, aplicar el «mecanismo» adecuado de unión con el poder omnipotente al que toda persona tiene acceso.

Las tres cosas que toda la humanidad desea y que son necesarias para su expresión más elevada y su desarrollo completo son: Salud, Riqueza y Amor. Todos admitiremos que la Salud es absolutamente esencial; nadie puede ser feliz si el cuerpo físico siente dolor. No todos admitirán tan fácilmente que la Riqueza es necesaria, pero todos deben reconocer que, al menos, es necesaria una provisión suficiente, y lo que para uno es suficiente, para otro podría ser una carencia absoluta y dolorosa. Puesto que la Naturaleza nos abastece, no sólo suficientemente, sino también con abundancia, nos damos cuenta de que cualquier carencia o limitación sólo se debe a un método de distribución artificial.

Probablemente, todos reconocerán que el Amor es la tercera cosa deseada, o quizá algunos digan que es el primer elemento esencial para la felicidad de la humanidad. En cualquier caso, quienes poseen las tres cosas –Salud, Riqueza y Amor– no encuentran nada más que añadir a su copa de felicidad.

Hemos descubierto que la sustancia Universal es «Toda Salud», «Toda Riqueza» y «Toda Amor», y que el mecanismo de unión con el que podemos conectar conscientemente con esta provisión Infinita está en nuestro método de pensamiento. Por lo tanto, pensar correctamente es entrar en el «Lugar Secreto de lo Más Alto».

¿Qué debemos pensar? Si lo sabemos, habremos encontrado el mecanismo de unión adecuado que nos relacionará con «Cualquier cosa que deseemos». Es posible que este mecanismo te parezca muy sencillo cuando te lo explique, pero continúa leyendo. Descubrirás que en realidad es «La Llave Maestra», la «Lámpara de Aladino», por así decirlo. Descubrirás que es la base, la condición imperativa, la ley absoluta del bien hacer, que significa bienestar.

Para pensar correctamente, con precisión, debemos conocer la «Verdad». La verdad, entonces, es el principio subyacente en toda relación de negocios o social. Es una condición precedente para toda acción correcta. Conocer la verdad, estar seguro, tener confianza, proporciona una satisfacción que no se puede comparar con nada; es el único terreno sólido en un mundo de dudas, conflictos y peligros.

Conocer la Verdad es estar en armonía con el poder Infinito y Omnipotente. Conocer la Verdad es, por lo tanto, conectar con un poder que es irresistible y que acabará con cualquier tipo de discordia, desarmonía, duda u error porque «la Verdad es poderosa y prevalecerá».

El intelecto más humilde puede predecir fácilmente el resultado de cualquier acción cuando sabe que se basa en la verdad, pero el intelecto más poderoso, la mente más profunda y penetrante se pierde completamente y no puede formarse ningún concepto de los resultados que pueden sobrevenir cuando sus esperanzas se basan en una premisa que sabe que es falsa.

Cada acto que no está en armonía con la Verdad, ya sea por ignorancia o intencionalmente, tendrá como resultado la discordia y la consiguiente pérdida de proporción a su medida y su carácter.

¿Cómo podemos, entonces, conocer la verdad para conectar con este mecanismo que nos relacionará con el Infinito?

No podemos equivocarnos si nos damos cuenta de que la verdad es el principio fundamental de la Mente Universal y que es Omnipresente. Por ejemplo, si necesitas salud, el hecho de darte cuenta de que el «yo» que hay en ti es espiritual y que todo espíritu es uno, que dondequiera que esté una parte estará el todo, te proporcionará un estado de salud, porque cada célula del cuerpo debe manifestar la verdad tal como tú la ves. Si ves enfermedad, ellas manifestarán enfermedad; si ves perfección, ellas deberán manifestar la perfección. La afirmación «Yo estoy sano/a, soy perfecto/a, fuerte, poderoso/a, amoroso/a, armonioso/a y feliz» producirá circunstancias armoniosas. La razón de esto es que la afirmación está estrictamente de acuerdo con la Verdad, y cuando la verdad aparece, todas las formas de error o discordia deben, necesariamente, desaparecer.

Has descubierto que el «yo» es espiritual; entonces, necesariamente, no puede ser menos que perfecto. La afirmación «Yo estoy sano, soy perfecto, fuerte, poderoso, amoroso, armonioso y feliz» es, por lo tanto, una afirmación científica exacta.

El pensamiento es una actividad espiritual y el espíritu es creativo; por lo tanto, el resultado de mantener este pensamiento en la mente debe producir, necesariamente, circunstancias que estén en armonía con el pensamiento.

Si necesitas Salud, darte cuenta del hecho de que el «yo» en ti es uno con la Mente Universal, que es toda sustancia y es Omnipotente, te ayudará a poner en funcionamiento la ley de atracción, la cual te colocará en la misma vibración de las fuerzas que consiguen el éxito y producen estados de poder y riqueza, en proporción directa con el carácter y el propósito de tu afirmación.

La visualización es el mecanismo de la conexión que necesitas. Visualizar es un proceso muy distinto al de ver. Ver es un proceso físico y, por lo tanto, está relacionado con el mundo objetivo, el mundo «exterior», pero la Visualización es un producto de la imaginación y, por lo tanto, es un producto de la mente subjetiva, del «mundo interior». Lo que uno visualiza se manifiesta en la forma. El mecanismo es perfecto; fue creado por el Arquitecto Maestro que «hace todas las cosas bien». Desafortunadamente, a veces la persona es inexperta o ineficiente, pero la práctica y la determinación acabarán con este defecto.

Si necesitas Amor, intenta darte cuenta de que la única manera de conseguirlo es dándolo, de que cuanto más des más recibirás, y la única manera en que puedes darlo es llenándote de él hasta que te conviertas en un imán. Este método se explica en otra lección.

La persona que ha aprendido a poner las más grandes verdades espirituales en contacto con las llamadas cosas menores de la vida ha descubierto el secreto de la solución a su problema. Está siempre más viva, se vuelve más considerada, por su cercanía de aproximación a las grandes ideas, a los grandes acontecimientos, a los grandes objetos naturales y a las grandes personas. Dicen que Lincoln engendraba en todos los que se acercaban a él el sentimiento que surge cuando uno se acerca a una montaña. Esta sensación se hace más agudo cuando uno se da cuenta que ha adquirido cosas que son eternas: el poder de la Verdad.

A veces es una inspiración oír hablar de alguien que ha puesto a prueba estos principios, alguien que los ha demostrado en su propia vida. Una carta de Frederick Andrews ofrece la siguiente reflexión:

> Yo tenía unos trece años cuando el doctor T. W. Marsee, ya fallecido, le dijo a mi madre: «No hay ninguna posibilidad, señora Andrews. Yo perdí a mi hijo pequeño de la misma manera, después de haber hecho todo lo posible por él. He realizado un estudio especial de estos casos y sé que no hay ninguna posibilidad de que se cure».
>
> Ella se volvió hacia él y le dijo: «Doctor, ¿qué haría usted si fuera su hijo?», a lo que él respondió: «Lucharía, lucharía mientras hubiera un aliento de vida por el que luchar».
>
> Este fue el comienzo de una larga batalla, con muchos altibajos. Todos los médicos estaban de acuerdo en que no había ninguna posibilidad de curación, aunque nos daban aliento y nos animaban lo mejor que podían.
>
> Pero al final llegó la victoria, y yo crecí, dejando de ser un pequeño lisiado, encorvado, torcido, que caminaba a cuatro patas, para convertirme en un hombre fuerte, erguido y bien formado.
>
> Ahora bien, sé que querrás que te proporcione una fórmula, de modo que lo haré de la forma más breve y rápida posible.
>
> Creé una afirmación para mí, tomando las cualidades que más necesitaba y afirmando para mí una y otra vez: «Estoy sano, soy perfecto, fuerte, poderoso, amoroso, armonioso y feliz». Mantuve esta afirmación siempre igual, sin modificarla jamás, hasta que pude despertarme por las noches y encontrarme repitiendo: «Estoy sano, soy perfecto, fuerte, poderoso, amoroso, armonioso y feliz». Era lo último que salía de mis labios por las noches y lo primero por las mañanas.

No sólo afirmaba esto para mí mismo, sino también para las otras personas que yo sabía que lo necesitaban. Quiero enfatizar este punto. Cualquier cosa que desees para ti, afírmalo para otros, y os ayudará a ambos. Cosechamos lo que sembramos. Si emitimos pensamientos de amor y salud, éstos regresan a nosotros como pan lanzado a las aguas; pero si emitimos pensamientos de miedo, preocupación, celos, rabia, odio, etc., recogeremos esos resultados en nuestras propias vidas.

Antes se decía que el ser humano se ha rehecho completamente cada siete años, pero ahora algunos científicos declaran que nos construimos a nosotros mismos completamente cada once meses. De manera que en realidad sólo tenemos once meses de edad. Si volvemos a crear los mismos defectos en nuestros cuerpos año tras año, no podemos culpar a nadie, excepto a nosotros mismos.

El ser humano es la suma de sus propios pensamientos; entonces, la pregunta es: ¿cómo vamos a hacer para tener sólo buenos pensamientos y rechazar los malos? Al principio, no podremos evitar que los malos pensamientos lleguen, pero podemos evitar mantenerlos. La única manera de hacerlo es olvidándolos, lo cual significa obtener algo de ellos. Aquí es donde entra en juego la afirmación hecha a medida.

Cuando se presente un pensamiento de rabia, celos, miedo o preocupación, simplemente empieza a poner en marcha tu afirmación. La manera de luchar contra la oscuridad es con la luz; la manera de luchar contra el frío es con el calor; la manera de vencer a todo mal es con el bien. Yo nunca he encontrado ninguna ayuda en las negaciones. Afirma lo bueno y lo malo desaparecerá.

FREDERICK ELIAS ANDREWS

Si necesitas algo, harías bien en hacer uso de esta afirmación, que no puede ser mejorada. Úsala tal como es; llévatela contigo al silencio, hasta que penetre en tu subconsciente, para que puedas usarla en cualquier parte: en tu coche, en la oficina, en casa. Ésta es la ventaja de los métodos espirituales; siempre podemos disponer de ellos. El espíritu es omnipresente; está siempre listo. Lo único que se necesita es un reconocimiento adecuado de su omnipotencia y la disposición o el deseo de recibir sus efectos beneficiosos.

Si nuestra actitud mental predominante es de poder, valentía, bondad y comprensión, descubriremos que nuestro entorno rechazará circunstancias de acuerdo con estos pensamientos; si es débil, crítica, envidiosa y destructiva, descubriremos que nuestro entorno refleja circunstancias que se corresponden con esos pensamientos.

Los pensamientos son causas y las circunstancias son efectos. Ahí se encuentra la explicación del origen tanto del bien como del mal. El pensamiento es creativo y, automáticamente, se correlacionará con su objeto. Ésta es una ley Cosmológica (una ley universal), la ley de Atracción, la ley de Causa y Efecto. El reconocimiento y la aplicación de esta ley determinarán el comienzo y el final. Es la ley por la cual, en todos los siglos y en todas las épocas, la gente ha creído en el poder de la oración. «Como sea tu fe, así te ocurrirá», es simplemente otra manera, más breve y mejor, de expresarlo.

Esta semana, visualiza una planta. Elige una flor, la que más admires, y llévala de lo invisible a lo visible. Planta una diminuta semilla, riégala, cuídala, colócala en un lugar en el que reciba los rayos directos del sol matinal y visualiza cómo se abre la semilla. Ahora es un ser vivo, algo que tiene vida y empieza a buscar un medio de subsistencia. Visualiza cómo las raíces penetran en la tierra, observa cómo se extienden en todas las direcciones y recuerda que son células vivas que están dividiéndose y subdividiéndose, y que pronto serán millones. Cada célula es inteligente, sabe lo que quiere y cómo conseguirlo. Visualiza el tallo saliendo y creciendo; mira cómo brota a través de la superficie de la tierra, cómo se divide y forma ramas, con cuánta perfección y simetría se forma cada rama. Mira cómo se empiezan a formar las hojas, y luego los diminutos cabillos, cada uno conteniendo en lo alto un capullo. Mientras ves esto, contemplas cómo el capullo comienza a desplegarse y tu flor favorita se hace visible. Y ahora, si te concentras bien, percibirás una fragancia: es la fragancia de la flor mientras la brisa mece suavemente la hermosa creación que has visualizado.

Cuando seas capaz de hacer que tu visión sea clara y completa, podrás entrar en el espíritu de una cosa; será algo muy real para ti;

estarás aprendiendo a concentrarte. Y el proceso es el mismo, tanto si te estás concentrando en la salud, en tu flor favorita, en un ideal, en una complicada propuesta de negocios o en cualquier otro problema de la vida.

Todo éxito se ha alcanzado mediante una concentración persistente en el objetivo en vistas.

Estudia las preguntas y sus respuestas

81. ¿Cuál es la condición imperativa de todo bienestar?
El bien-hacer.

82. ¿Cuál es la condición que precede a cada acción correcta?
Pensar correctamente.

83. ¿Cuál es la condición subyacente necesaria en toda transacción de negocios o relación social?
Conocer la Verdad.

84. ¿Cuál es el resultado del conocimiento de la Verdad?
Podemos predecir fácilmente el resultado de cualquier acción que se base en una premisa verdadera.

85. ¿Cuál es el resultado de cualquier acción basada en premisas falsas?
No nos podemos hacer ninguna idea de los resultados que pueden sobrevenir.

86. ¿Cómo podemos conocer la Verdad?
Dándonos cuenta del hecho de que la Verdad es el principio fundamental del Universo y, por lo tanto, es Omnipresente.

87. ¿Cuál es la naturaleza de la Verdad?
Es espiritual.

88. ¿Cuál es el secreto para la solución de todo problema?
Aplicar la Verdad espiritual.

89. ¿Cuál es la ventaja de los métodos espirituales?
Que siempre están disponibles.

90. ¿Cuáles son los requerimientos necesarios?
Un reconocimiento de la omnipotencia del poder espiritual y un deseo de recibir sus efectos beneficiosos.

✖ *Capítulo diez* ✖

Si comprendes plenamente el pensamiento contenido en el Capítulo Diez, habrás aprendido que nada ocurre sin una causa clara. Podrás formular tus planes de acuerdo con el conocimiento exacto. Sabrás cómo controlar cualquier situación poniendo en juego las causas adecuadas. Cuando ganes –porque lo harás– sabrás exactamente por qué.

La persona corriente, que no tiene un conocimiento claro de causa y efecto, está gobernada por sus sentimientos o sus emociones.

Piensa principalmente en justificar sus actos. Si fracasa en los negocios, dice que la suerte está en su contra. Si no le gusta la música, dice que ésta es un lujo muy caro. Si es una oficinista pobre, dice que podría tener más éxito en un trabajo al aire libre. Si no tiene amigos, dice que su individualidad es demasiado especial para ser apreciada.

Nunca piensa en su problema hasta el final. En pocas palabras, no sabe que cada efecto es el resultado de una determinada causa clara, sino que intenta consolarse con explicaciones y excusas. Sólo piensa en la defensa de sí misma.

Por el contrario, la persona que comprende que no hay ningún efecto sin una causa adecuada, piensa de una forma impersonal. Va a lo fundamental de los hechos, independientemente de las consecuencias. Es libre para seguir el rastro de la verdad dondequiera que ésta la pueda llevar. Analiza el problema claramente hasta el final y satisface los requerimientos de una forma plena y justa, y el resultado es que el mundo le da todo lo que tiene para dar en amistad, respeto, amor y aprobación.

Capítulo diez

La abundancia es una ley natural del Universo. La evidencia de esta ley es concluyente; lo vemos en todas partes. En todas partes, la Naturaleza es profusa, pródiga, extravagante. En ninguna parte se observa economía en ninguna cosa creada. La profusión se manifiesta en todo. Los millones y millones de árboles, flores, plantas y animales y el vasto plan de reproducción en el que el proceso de crear y recrear está eternamente en marcha, todo indica la abundancia con la que la Naturaleza ha provisto al ser humano. Que hay abundancia para todos es evidente, pero también es evidente que muchas personas no participan de esta abundancia. Todavía no han llegado a darse cuenta de la Universalidad de toda sustancia, y que la mente es el principio activo por el cual estamos relacionados con las cosas que deseamos.

La riqueza es la consecuencia del poder; las posesiones tienen valor únicamente porque confieren poder. Los acontecimientos son significativos únicamente porque afectan al poder; todas las cosas representan ciertas formas y grados de poder.

El conocimiento de causa y efecto tal como los muestran las leyes que gobiernan la electricidad, la afinidad química y la gravedad, permite al hombre planear con valentía y ejecutar sin miedo. Estas leyes se denominan Leyes Naturales porque gobiernan en el mundo físico, pero todo el poder no es poder físico; también existe el poder mental y el poder moral y espiritual.

El poder espiritual es superior porque existe en un plano superior. Ha permitido al hombre descubrir la ley por la cual se podían aprovechar estas maravillosas fuerzas de la Naturaleza y hacer que realizaran el trabajo de cientos y miles de personas. Ha permitido al hombre descubrir las leyes por las cuales el tiempo y el espacio han sido vencidos y la ley de gravedad superada. El funcionamiento de esta ley depende del contacto espiritual, como bien dice Henry Drummond:

En el mundo físico tal como lo conocemos existe lo orgánico y lo inorgánico. Lo inorgánico del mundo mineral está absolutamente desconectado del mundo vegetal o animal; el pasadizo está herméticamente sellado. Las barreras todavía no han sido atravesadas jamás. Ningún cambio de sustancia, ninguna modificación del medio ambiente, ninguna química, ninguna electricidad, ninguna forma de energía, ninguna evolución de ningún tipo puede dotar jamás a ningún átomo del mundo mineral con el atributo de la Vida.

Únicamente si alguna forma viva se inclina a penetrar en el interior de ese mundo muerto pueden esos átomos muertos ser dotados con las propiedades de la vitalidad; sin este contacto con la vida, permanecen fijos para siempre en la esfera inorgánica. Huxley dice que la doctrina de la Biogénesis (o la vida sólo de la vida) es completamente victoriosa, y Tyndall se ve obligado a decir: «Afirmo que no hay ni un asomo de pruebas fiables que demuestren que la vida en nuestro tiempo haya parecido jamás ser independiente de la vida antecedente».

Las leyes físicas pueden explicar lo inorgánico, la biología explica y da cuenta del desarrollo de lo orgánico, pero la Ciencia guarda silencio respecto al punto de contacto. Existe un pasadizo similar entre el mundo Natural y el mundo Espiritual. Ese pasadizo está herméticamente sellado en el lado natural. La puerta está cerrada; ningún hombre puede abrirla; ningún cambio orgánico, ninguna energía mental, ningún esfuerzo moral, ningún progreso de ningún tipo puede permitir que cualquier ser humano entre en el mundo espiritual.

Pero como la planta que penetra en el mundo mineral y lo toca con el misterio de la Vida, también la Mente Universal penetra en la mente humana y la toca con unas cualidades nuevas, extrañas, maravillosas e incluso magníficas. Todos los hombres y mujeres que han logrado algo en el mundo de la industria, el comercio o el arte lo han hecho gracias a este proceso.

El pensamiento es el enlace entre lo Infinito y lo finito, entre lo Universal y el individuo. Hemos visto que existe una barrera infranqueable entre lo orgánico y lo inorgánico, y que la única manera en que la materia puede desarrollarse es impregnándose de vida. Cuando una semilla penetra en el mundo mineral y empieza a desarrollarse y a extenderse, la materia viva comienza a vivir. Mil dedos invisibles empiezan a tejer un entorno adecuado para la nueva llegada, y mientras la ley del crecimiento empieza a hacer efecto, vemos cómo el proceso continúa hasta que finalmente aparece el Lirio, e incluso «Salomón en toda su gloria no estuvo adornado como uno de ellos».

Sin embargo, un pensamiento se deja caer en la sustancia invisible de la Mente Universal (esa sustancia a partir de la cual todas las cosas son creadas) y, cuando echa raíces, la ley del crecimiento comienza a hacer efecto, y descubrimos que las circunstancias y el entorno no son más que la forma objetiva de nuestro pensamiento.

La ley dice que el Pensamiento es una forma activa e imprescindible de energía dinámica que tiene el poder de correlacionarse con su objeto y hacerlo salir de la sustancia invisible a partir de la cual son creadas todas las cosas y traerlo al mundo visible u objetivo. Ésta es la ley por la cual todas las cosas llegan a la manifestación: es la Llave Maestra con la que eres admitido en el Lugar Secreto del Más Alto y se te otorga el «dominio de todas las cosas». Con una comprensión de esta ley, puedes «decretar una cosa y ésta será establecida en ti».

No podría ser de otra manera. Si el alma del Universo tal como lo conocemos es el Espíritu Universal, entonces el Universo es sencillamente el estado que el Espíritu Universal ha creado para sí mismo. Somos simplemente espíritu individualizado y estamos creando las condiciones para nuestro crecimiento exactamente de la misma manera.

Este poder creador depende de nuestro reconocimiento del poder potencial del espíritu o la mente, y no debe ser confundido con la Evolución. La Creación es el llamado a la existencia de aquello que no existe en el mundo objetivo. La Evolución es simplemente el despliegue de las potencialidades de las cosas que ya existen.

Al aprovechar las maravillosas posibilidades que se abren para nosotros a través del funcionamiento de esta ley, debemos recordar que nosotros no contribuimos en nada a su eficacia, como dijo el Gran Maestro: «No soy yo el que realiza las obras, sino el Padre que vive en mí. Él hace el trabajo». Debemos asumir exactamente la misma postura; nosotros no podemos hacer nada para ayudar a la manifestación, simplemente debemos cumplir con la ley, y la Mente que todo lo origina producirá el resultado.

El gran error del hoy en día es la idea de que el ser humano debe originar la inteligencia con la cual el Infinito puede crear un fin o un resultado específico. No es necesario nada de esto; podemos confiar en que la Mente Universal encontrará los caminos y los medios para producir cualquier manifestación necesaria. No obstante, nosotros tenemos que crear el ideal, y debería ser perfecto.

Sabemos que las leyes que gobiernan la electricidad han sido formuladas de tal manera que su poder invisible puede ser controlado y utilizado de múltiples maneras para nuestro beneficio y nuestra comodidad. Sabemos que se transmiten mensajes por el mundo entero, que la maquinaria pesada hace lo que se le ordena, que ahora ilumina prácticamente a todo el mundo, pero también sabemos que si violamos sus leyes, concientemente o por ignorancia, tocando un cable vivo cuando éste no está aislado correctamente, el resultado será desagradable y posiblemente desastroso. La falta de comprensión de las leyes que gobiernan el mundo invisible tiene el mismo resultado, y muchas personas sufren sus consecuencias continuamente.

Se ha explicado que la ley de causalidad depende de la polaridad, que se debe formar un circuito. Ese circuito no puede formarse a menos que actuemos en armonía con la ley. ¿Cómo vamos a actuar en armonía con la ley si no sabemos cuál es esta ley? ¿Cómo podemos saber cuál es esta ley? Mediante el estudio, mediante la observación.

En todas partes vemos esta ley en funcionamiento. Toda la naturaleza da fe del funcionamiento de la ley al expresarse en silencio, constantemente, en la ley del crecimiento. Ahí donde hay crecimiento, tiene que existir vida; ahí donde hay vida, debe reinar la armonía, para que todo lo que tiene vida esté atrayendo continuamente hacia sí las condiciones y las provisiones necesarias para su más completa expresión.

Si tu pensamiento está en armonía con el Principio Creador de la Naturaleza, está en sintonía con la Mente Infinita y formará el circuito; no regresará a ti vacío. Pero es posible que tengas pensamientos que no estén en sintonía con el Infinito, y cuando no hay polaridad, el circuito no se forma. ¿Cuál es, entonces el resultado? ¿Cuál es el resultado cuando una dínamo está generando electricidad, el circuito se corta y no hay ninguna salida? La dínamo se detiene.

Esto mismo ocurrirá exactamente contigo si tienes pensamientos que no están de acuerdo con el Infinito y, por lo tanto, no pueden ser polarizados: no hay ningún circuito, estás aislado, los pensamientos se aferran a ti, te acosan, te preocupan y, por último, provocan la enfermedad y, posiblemente, la muerte. Es posible que el médico no diagnostique el caso de esta manera, probablemente lo describa con algún nombre estrafalario que haya sido fabricado para los diversos males que son el resultado de una forma de pensar errónea, pero la causa sigue siendo la misma.

El pensamiento constructivo debe ser, necesariamente, creativo, pero el pensamiento creativo debe ser a su vez armonioso, ya que esto elimina todos los pensamientos destructivos o competitivos.

La sabiduría, la fuerza, la valentía y todas las circunstancias armoniosas son el resultado del poder, y hemos visto que todo poder proviene de nuestro interior. Asimismo, todas las carencias, limitaciones o circunstancias adversas son el resultado de la debilidad, y la debilidad es simplemente ausencia de poder; no viene de ninguna parte, no es nada. Por lo tanto, el remedio es simplemente desarrollar el poder, y esto se consigue exactamente de la misma manera en que se desarrolla todo poder: mediante el ejercicio.

Este ejercicio consiste en hacer una aplicación de tus conocimientos. Los conocimientos no se aplicarán por sí mismos. Tú debes hacer la aplicación. La abundancia no te caerá del cielo sobre tu regazo, pero si te das cuenta conscientemente de la ley de atracción y tienes la intención de ponerla en funcionamiento con un fin claro, concreto y específico, y tienes la voluntad de llevar a cabo este objetivo, la materialización de tu deseo se producirá por la ley natural de transferencia. Si te dedicas a los negocios, éstos aumentarán y se desarrollarán por los canales normales, y posiblemente también se abran canales de distribución nuevos e inusuales, y cuando la ley esté plenamente operativa, descubrirás que las cosas que buscas te están buscando a ti.

Esta semana, elige un espacio en blanco en la pared o en cualquier otro lugar conveniente, en el lugar donde sueles sentarte. Luego, dibuja mentalmente una línea negra horizontal de unos 15 centímetros de longitud e intenta verla de una forma tan clara como si estuviera pintada en la pared. A continuación, dibuja mentalmente dos líneas verticales que se unan a la línea horizontal en cada uno de sus extremos. Luego dibuja otra línea horizontal que conecte a las dos líneas verticales: ahora tienes un cuadrado. Intenta ver perfectamente el cuadrado. Cuando puedas hacerlo, dibuja un círculo dentro del cuadrado. A continuación, coloca un punto en el centro del círculo y atráelo hacia ti unos 25 centímetros. Ahora tienes un cono en una base cuadrada. Recuerda que tu trabajo está todo en color negro; cámbialo a blanco, a rojo y a amarillo.

Si haces esto, estarás realizando un progreso excelente y ponto podrás concentrarte en cualquier problema que tengas en la mente.

Estudia las preguntas y sus respuestas

91. ¿Qué es la Salud?
La Salud es la consecuencia del poder.

92. ¿Qué valor tienen las posesiones?
Las posesiones tienen valor únicamente porque confieren poder.

93. ¿Qué valor tiene el conocimiento de causa y efecto?
Permite a la persona planificar con valentía y ejecutar sin miedo.

94. ¿Cómo se origina la vida en el mundo inorgánico?
Únicamente por la introducción de alguna forma viva. No existe ninguna otra manera.

95. ¿Cuál es el enlace entre lo finito y lo Infinito?
El pensamiento.

96. ¿Por qué?
Porque lo Universal sólo puede manifestarse a través del individuo.

97. ¿De qué depende la causalidad?
De la polaridad: se debe formar un circuito. Lo Universal es el extremo positivo de la batería de la vida, el individuo es el extremo negativo y el pensamiento forma el circuito.

98. ¿Por qué hay tantas personas que no consiguen crear unas circunstancias armoniosas?
Porque no comprenden la ley; no hay polaridad; no han formado el circuito.

99. ¿Cuál es el remedio?
Un reconocimiento consciente de la ley de atracción con la intención de traerla a la existencia con una finalidad clara.

100. ¿Cuál será el resultado?
El pensamiento se correlacionará con su objeto y lo traerá a la manifestación, porque el pensamiento es un producto de la persona espiritual y el espíritu es el Principio Creador del Universo.

❧ Capítulo once ❧

Tu vida está gobernada por la ley: por unos principios reales, inmutables, que nunca varían. La ley está en funcionamiento en todo momento, en todo lugar. A todas las acciones humanas subyacen unas leyes fijas. Por este motivo, las personas que controlan industrias gigantescas son capaces de determinar con absoluta precisión exactamente qué porcentaje de cada cien mil personas responderá a todas las condiciones dadas.

Sin embargo, es bueno recordar que, aunque cada efecto es el resultado de una causa, el efecto a su vez se convierte en una causa, la cual crea otros efectos, y así sucesivamente. De modo que cuando pones en funcionamiento la ley de atracción, debes recordar que, para bien o para mal, estás poniendo en marcha un tren de causalidad que puede tener infinitas posibilidades.

Con frecuencia oímos decir: «En mi vida se ha presentado una situación sumamente dolorosa que no puede ser el resultado de mis pensamientos, porque ciertamente yo nunca he tenido ningún pensamiento que pudiera tener ese resultado». No recordamos que los iguales se atraen en el mundo mental y que los pensamientos que acariciamos nos traen determinadas amistades, un determinado tipo de compañeros, y éstos, a su vez, producen circunstancias y entornos que son responsables de las circunstancias de las que nos quejamos.

Capítulo once

El razonamiento inductivo es el proceso de la mente objetiva mediante el cual comparamos una serie de casos individuales hasta que hallamos el factor común que los origina.

La inducción se realiza por una comparación de datos. Éste es el método para estudiar la naturaleza que ha producido el descubrimiento de un reinado de leyes que ha marcado una época en el progreso humano.

Es la línea divisoria entre la superstición y la inteligencia; ha eliminado los elementos de incertidumbre y capricho de las vidas de las personas y los ha sustituido por leyes, razón y certeza.

Es el «Guardián de la Puerta» mencionado en una lección anterior.

Cuando, en virtud de este principio, el mundo al que los sentidos estaban acostumbrados se revolucionó, cuando el Sol fue detenido en su ruta, cuando la Tierra aparentemente plana adquirió la forma de una esfera y empezó a girar alrededor de él, cuando la materia inerte se convirtió gradualmente en unos elementos activos y el universo aparecía dondequiera que dirigiéramos el telescopio y el microscopio, lleno de fuerza movimiento y vida, nos vimos obligados a preguntar por qué medios se mantienen en orden y se reparan las delicadas formas de organización en él.

Los polos iguales y las fuerzas iguales se repelen o no pueden penetrarse unos a otros. En general, esta causa parece suficiente para asignar un lugar y una distancia correctas a las estrellas, las personas y las fuerzas. Del mismo modo en que personas con diferentes virtudes se asocian, también los polos opuestos se atraen, los elementos que no tienen ninguna propiedad en común como los ácidos y los gases se aferran unos a otros por preferencia y se mantiene un intercambio general entre el excedente y la demanda.

De la misma manera en que los ojos buscan y reciben satisfacción en los colores complementarios a los que son dados, también la necesidad y el deseo, en el sentido más amplio, inducen, guían y determinan la acción.

Es nuestro privilegio tomar consciencia del principio y actuar de acuerdo con él. Cuvier ve un diente que pertenece a una raza animal extinta. Ese diente necesita un cuerpo para cumplir su función y define al cuerpo peculiar con tanta precisión que Cuvier es capaz de reconstruir el esqueleto de ese animal.

En el movimiento de Urano se observan perturbaciones. Leverrier necesita otra estrella en un determinado lugar para mantener al sistema solar en orden, y Neptuno aparece en el lugar y la hora señalados.

Las necesidades instintivas del animal y las necesidades intelectuales de Cuvier, las necesidades de la naturaleza y la mente de Leverrier eran iguales; de ahí los resultados: aquí los pensamientos de una existencia, ahí una existencia. Una necesidad legítima bien definida, por lo tanto, proporciona la razón para las operaciones más complejas de la naturaleza.

Habiendo registrado correctamente las respuestas proporcionadas por la naturaleza y estirado nuestros sentidos con la ciencia creciente sobre su superficie, habiendo unido las manos a las palancas que mueven la Tierra, nos hacemos más conscientes de un contacto tan estrecho, variado y profundo con el mundo exterior, que nuestras necesidades y nuestros propósitos se identifican con las armoniosas operaciones de esta vasta organización tanto como se identifican la vida, la libertad y la felicidad del ciudadano con la existencia de su gobierno.

De la misma manera en que los intereses del individuo están protegidos por las armas del país, añadidas a las suyas, y sus necesidades pueden depender de cierta provisión en la medida en que son sentidas de una forma más universal y constante, de la misma manera la ciudadanía consciente en la República de la Naturaleza nos protege de las molestias de los agentes secundarios mediante la alianza con los poderes superiores; y apelando a las leyes fundamentales de resistencia o inducción ofrecidas a los agentes mecánicos o físicos, distribuye entre ellos y el ser humano el trabajo que debe realizarse para el mayor beneficio del inventor.

Si Platón hubiese podido ver las imágenes ejecutadas por el Sol con la ayuda del fotógrafo, o cientos de ilustraciones similares de lo que el ser humano hace por inducción, quizá se habría acordado de la partería intelectual de su maestro, y en su propia mente podría haber surgido la visión de una tierra en la que todo el trabajo manual y mecánico y la repetición son asignados al poder de la naturaleza, donde nuestras necesidades son satisfechas por operaciones puramente mentales puestas en marcha mediante la voluntad y donde la provisión es creada por la demanda.

Por muy lejana que pueda parecer esa tierra, la inducción ha enseñado al ser humano a dar grandes pasos en esa dirección y lo ha rodeado de beneficios que son, al mismo tiempo, recompensas por la fidelidad del pasado e incentivos para una devoción más diligente.

Es también una ayuda para concentrar y fortalecer nuestras facultades para la parte restante, ofreciendo soluciones acertadas a problemas individuales y universales mediante meras operaciones de la mente en su forma más pura.

Aquí encontramos un método cuyo espíritu es creer que lo que uno desea ya se ha realizado; un método que nos legó el propio Platón quien, fuera de su esfera, jamás pudo averiguar cómo las ideas se convierten en realidades.

Este concepto también es explicado en detalle por Swedenborg en su doctrina de correspondencias, y un maestro aún más grande ha dicho: «Todo lo que pidáis en la oración, creed que lo recibís, y lo tendréis» (Marcos 11:24). La diferencia de los tiempos verbales en este pasaje es destacable.

Primero debemos creer que nuestro deseo ya se ha realizado, y su realización vendrá a continuación. Ésta es una instrucción concisa para hacer uso del poder creador del pensamiento grabando en la mente subjetiva Universal la cosa particular que deseamos como algo ya existente.

Estamos, por lo tanto, pensando en el plano de lo absoluto y eliminando toda consideración de condiciones o limitación, al tiempo que plantamos una semilla que, si no es molestada, finalmente germinará y crecerá hacia el exterior.

Para repasar: El razonamiento inductivo es el proceso de la mente objetiva mediante el cual comparamos una serie de casos individuales con otros hasta que vemos el factor común que da origen a todos ellos. Vemos que hay gente en cualquier de los países civilizados del mundo que obtiene resultados mediante algunos procesos que no parece comprender y a los que suele atribuir un cierto misterio. Nuestra razón nos es dada con el propósito de que descubramos la ley por la cual se consiguen estos resultados.

El funcionamiento de este proceso de pensar se ve en aquellas naturalezas afortunadas que poseen todo lo que los demás deben adquirir con el trabajo, que jamás tienen una lucha con la consciencia porque siempre actúan correctamente y nunca se comportan de una manera que no sea con tacto, aprenden todo fácilmente, acaban todo lo que empiezan con alegría, viven en eterna armonía consigo mismas, sin jamás reflexionar demasiado sobre lo que hacen, o experimentar dificultades o esfuerzos.

El fruto de este pensamiento es, por así decirlo, un regalo de los dioses, pero un regalo del que pocos son conscientes, aprecian o comprenden. El reconocimiento del maravilloso poder que posee la mente en las condiciones adecuadas y el hecho de que ese poder puede ser utilizado y dirigido, y que esté disponible para la solución de todos los problemas humanos, tiene una importancia trascendental.

Toda verdad es la misma si es expresada en términos científicos modernos o si es expresada en el lenguaje de los tiempos apostólicos. Hay almas tímidas que no se dan cuenta de que la totalidad de la verdad requiere varias declaraciones; que ninguna fórmula humana mostrará todos sus aspectos.

El cambio, el énfasis, el lenguaje nuevo, las interpretaciones novedosas, las perspectivas nuevas, no son, como algunos suponen, señales de un alejamiento de la verdad sino que, por el contrario, son la prueba de que la verdad está siendo percibida en nuevas relaciones con las necesidades humanas y está siendo comprendida de una forma más generalizada.

Hay que contarle la verdad a cada generación y a cada pueblo en unos términos nuevos y distintos. Cuando el Gran Maestro dijo: «Creed que recibís y recibiréis» o cuando Pablo afirmó: «La fe es la sustancia de las cosas deseadas, la evidencia de las cosas no vistas», o cuando la ciencia moderna argumenta que «La ley de atracción es la ley por la cual el pensamiento se correlaciona con su objeto», cuando sometemos a cada una de estas declaraciones a un análisis vemos que contienen exactamente la misma verdad. La única diferencia está en la forma en que ésta se presenta.

Estamos en el umbral de una nueva era. Ha llegado el momento en que el ser humano ha aprendido los secretos de la maestría. Se está preparando el camino para un nuevo orden social más maravilloso que cualquier otra cosa que hayamos podido soñar hasta ahora. El conflicto de la ciencia moderna con la teología, el estudio de las religiones comparativas, el enorme poder de los nuevos movimientos sociales, todo ello está despejando el camino para el nuevo orden. Es posible que se hayan destruido formas tradicionales que se habían vuelto anticuadas e inútiles, pero no se ha perdido nada de valor.

Ha nacido una nueva fe, una fe que exige una forma de expresión distinta, y esta fe se está gestando en una profunda consciencia del poder que se está manifestando en la actual actividad espiritual que encontramos por todas partes.

El espíritu que duerme en lo mineral, respira en lo vegetal, se mueve en lo animal y alcanza su desarrollo más alto en el ser humano es la Mente Universal, y nos corresponde a nosotros tender un puente sobre el abismo entre el ser y el hacer, entre la teoría y la práctica, demostrando que entendemos el dominio que se nos ha otorgado.

De lejos, el mayor descubrimiento de todos los siglos es el poder del pensamiento. La importancia de este descubrimiento ha tardado un poco en llegar a la consciencia general, pero ha llegado, y ya se está demostrando la importancia de este descubrimiento, que es el más grande, en todos los campos de investigación.

¿Te estás preguntando en qué consiste el poder creador del pensamiento? Consiste en crear ideas, y éstas, a su vez, adquieren una forma concreta apropiándose, inventando, observando, discerniendo, descubriendo, analizando, rigiendo, gobernando, combinando y aplicando la materia y la fuerza. Es capaz de hacerlo porque es un poder creador inteligente.

El pensamiento alcanza su actividad más elevada cuando se sumerge en su propia profundidad misteriosa, cuando atraviesa el estrecho ámbito del «yo» y va avanzando de verdad en verdad hasta llegar a la región de la luz eterna, donde todo lo que es, fue o será alguna vez se funde en una maravillosa armonía.

De este proceso de autocontemplación llega la inspiración, que es inteligencia creativa y que, innegablemente, es superior a todos los elementos, fuerzas o leyes de la naturaleza porque puede comprenderlos, modificarlos, gobernarlos y aplicarlos para sus propios fines y propósitos y, por lo tanto, poseerlos.

La sabiduría empieza con el amanecer de la razón, y la razón no es más que la comprensión del conocimiento y los principios por los que podemos conocer el verdadero significado de las cosas. La sabiduría es, por lo tanto, razón iluminada, y nos lleva a la humildad, porque la humildad es una gran parte de la Sabiduría.

Todos conocemos a muchas personas que han logrado algo aparentemente imposible, que han realizado sus sueños de toda la vida, que lo han cambiado todo, incluso a ellas mismas. A veces nos hemos maravillado ante la demostración de un poder aparentemente irresistible, que siempre parece estar disponible justo cuando uno más lo necesita, pero ahora todo ha quedado claro. Lo único que se requiere es una comprensión de ciertos principios fundamentales concretos y de su aplicación adecuada.

Para tu ejercicio de esta semana, concéntrate en la cita tomada de la Biblia: «Todo lo que pidáis en la oración, creed que lo recibís, y lo tendréis». Fíjate en que no hay ninguna limitación: «Todo lo que pidáis» es muy claro e implica que la única limitación la impone nuestra capacidad de pensar, de estar a la altura de las circunstancias, de elevarnos ante las emergencias, de recordar que la fe no es una sombra, sino una sustancia: «la sustancia de todas las cosas deseadas, la evidencia de las cosas no vistas».

Estudia las preguntas y sus respuestas

101. ¿Qué es el razonamiento inductivo?
Es el proceso de la mente objetiva mediante el cual comparamos una serie de casos individuales hasta encontrar el factor común que da origen a todos ellos.

102. ¿Qué ha conseguido este método de estudio?
Ha tenido como consecuencia el descubrimiento de un reinado de la ley que ha marcado una época en el progreso humano.

103. ¿Qué es lo que guía y determina la acción?
Lo que induce, guía y determina la acción, en el sentido más amplio, son la necesidad y el deseo.

104. ¿Cuál es la fórmula para la solución infalible a cada problema individual?
Debemos creer que nuestro deseo ya se ha realizado. Entonces, su realización vendrá a continuación.

105. ¿Qué grandes Maestros defendieron esto?
Jesús, Platón y Swedenborg.

106. ¿Cuál es el resultado de este proceso de pensamiento?
Estamos pensando en el plano de lo absoluto y plantando una semilla que germinará y dará frutos, si no se la molesta.

107. ¿Por qué es esto científicamente exacto?
Porque es la Ley Natural.

108. ¿Qué es la fe?

«La fe es la sustancia de todas las cosas deseadas, la evidencia de todas las cosas no vistas».

109. ¿Qué es la Ley de Atracción?

La ley por la cual la fe es llevada a la manifestación.

110. ¿Qué importancia le atribuyes a la comprensión de esta ley?

Ha eliminado los elementos de incertidumbre y capricho de las vidas de las personas y los ha reemplazado con la ley, la razón y la certeza.

❧ Capítulo doce ❧

A continuación, tenemos el Capítulo Doce. En el cuarto párrafo encontrarás la siguiente declaración: «En primer lugar debes tener un conocimiento de tu poder; en segundo lugar, la valentía para ser osado; en tercer lugar, la fe para actuar». Si te concentras en los pensamientos ofrecidos, si les pones toda tu atención, descubrirás un mundo de significado en cada frase y atraerás hacia ti pensamientos de armonía. No tardarás en comprender todo el significado del conocimiento esencial en el que te estás concentrando.

El conocimiento no se aplica por sí mismo; nosotros, como individuos, debemos realizar la aplicación, y ésta consiste en fertilizar el pensamiento con un propósito vivo.

El tiempo y los pensamientos que la mayoría de la gente desperdicia en un esfuerzo sin propósito harían maravillas si estuvieran adecuadamente dirigidos a algún objeto especial. Para hacer esto, es necesario concentrar tu fuerza mental en un pensamiento específico y mantenerla ahí, excluyendo a todos los demás pensamientos. Si alguna vez has mirado a través del visor de una cámara, habrás comprobado que cuando el objeto no estaba enfocado, la impresión era poco clara y posiblemente borrosa, pero cuando se enfocaba correctamente, la imagen era clara y nítida. Esto ilustra el poder de la concentración. A menos que te concentres en el objetivo que tienes en mente, sólo conseguirás un bosquejo confuso, indefinido, vago, poco claro y borroso de tu ideal, y los resultados estarán de acuerdo con tu imagen mental.

Capítulo doce

No hay ningún objetivo en la vida que no pueda conseguirse a través de una comprensión científica del poder creador del pensamiento.

Este poder de pensar es común a todos. El ser humano existe porque piensa. El poder del hombre de pensar es infinito y, en consecuencia, su poder creador es ilimitado.

Sabemos que el pensamiento está construyendo para nosotros aquello en lo que pensamos y que realmente lo está acercando a nosotros. Sin embargo, nos cuesta desterrar el miedo, la ansiedad o el desánimo, que son fuerzas de pensamiento poderosas y que están continuamente alejando más de nosotros las cosas que deseamos. Así pues, a menudo, damos un paso hacia adelante y dos hacia atrás.

La única manera de evitar retroceder es seguir avanzando. La eterna vigilancia es el precio del éxito. Hay tres pasos y cada uno de ellos es absolutamente esencial. En primer lugar, debes tener un conocimiento de tu poder; en segundo lugar, la valentía para ser osado, y en tercer lugar, la fe para actuar.

Teniendo esto como base, puedes construir un negocio ideal, un hogar ideal, amigos ideales y un ambiente ideal. No estás limitado en cuanto al material o el coste. El pensamiento es omnipotente y tiene el poder de recurrir al banco Infinito de la sustancia principal para obtener todo lo que necesita. Por lo tanto, tienes a tu alcance unos recursos infinitos.

Pero tu ideal debe estar bien definido, ser claro y concreto. Tener un ideal hoy, otro mañana y un tercer ideal la semana que viene significa que dispersarás tus fuerzas y no conseguirás nada; tu resultado será una combinación sin sentido y caótica de material desperdiciado.

Desgraciadamente, ése es el resultado que están consiguiendo muchas personas, y la causa es evidente. Si un escultor empieza con un trozo de mármol y un cincel y cambia de idea cada quince minutos, ¿qué resultado puede esperar? Y, ¿por qué habrías de esperar un resultado distinto al moldear la más grande y más plástica de todas las sustancias, la única sustancia real?

El resultado de esta indecisión y del pensamiento negativo suele encontrarse en la pérdida de riqueza material. La supuesta independencia que requirió de muchos años de trabajo y esfuerzo súbitamente desaparece. A menudo se descubre entonces que el dinero y las propiedades no implican independencia, en absoluto. Por el contrario, la única independencia resulta ser un conocimiento práctico, que funciona, del poder creador del pensamiento.

Este método práctico no puede llegar a ti si antes no has aprendido que el único poder real que puedes tener es el poder de adaptarte a los principios divinos e inalterables. No puedes cambiar lo Infinito, pero puedes llegar a comprender las leyes Naturales. La recompensa de esta comprensión es una consciencia de tu capacidad de adaptar tus facultades de pensamiento al Pensamiento Universal, que es Omnipresente. Tu capacidad de cooperar con esta Omnipotencia indicará el grado de éxito que encontrarás.

El poder del pensamiento tiene muchas imitaciones que son más o menos fascinantes, pero los resultados son perjudiciales, en lugar de útiles.

Ciertamente, la preocupación, el miedo y todos los pensamientos negativos producen una cosecha semejante a ellos. Las personas que albergan pensamientos de este tipo tendrán que cosechar, inevitablemente, lo que han sembrado.

Una vez más, hay buscadores de fenómenos que se deleitan con las llamadas pruebas y demostraciones de materialización obtenidas en sesiones de espiritismo. Abren de par en par sus puertas mentales y se empapan con las corrientes más venenosas que se pueden encontrar en el mundo psíquico. No parecen comprender que lo que les permite producir esas formas de pensamiento vibratorias es la capacidad de ser negativos, receptivos y pasivos, y así agotar toda su fuerza vital.

También hay devotos hindúes que ven en el fenómeno de la materialización que realizan los llamados adeptos una fuente de poder, olvidando que, en cuanto la voluntad se retira, las formas se marchitan y las fuerzas vibratorias que las componen se desvanecen.

La telepatía, o transferencia de pensamiento, ha recibido una atención considerable, pero puesto que requiere un estado mental negativo por parte del receptor, es una práctica dañina. Un pensamiento puede ser enviado con la intención de oír o ver, pero traerá consigo un castigo adherido a la inversión del principio implicado.

En muchos casos, el hipnotismo es positivamente peligroso para la persona que lo recibe, así como para el hipnotizador. Nadie que esté familiarizado con las leyes que gobiernan el mundo mental podría pensar en intentar dominar la voluntad de otra persona, porque al hacerlo se despojará gradualmente (pero con seguridad) de su propio poder.

Todas estas perversiones tienen su satisfacción temporal, y para algunas personas una fascinación intensa, pero hay una fascinación infinitamente mayor en la verdadera comprensión del mundo del poder interior: un poder que aumenta con el uso, que es permanente en lugar de ser pasajero, que no sólo es un poderoso agente para crear el remedio a un error del pasado o a los resultados de un pensamiento erróneo, sino que también es un agente profiláctico que nos protege de todos los tipos y formas de peligro. Y, por último, es una fuerza creadora real con la que podemos crear nuevas circunstancias y un nuevo entorno.

La ley dice que el pensamiento se correlacionará con su objeto y dará origen en el mundo material a la correspondencia de la cosa pensada o producida en el mundo mental. Entonces percibimos la absoluta necesidad de ver que cada pensamiento tiene el germen inherente de la verdad, para que la ley de crecimiento manifieste el bien, porque sólo el bien nos puede dar un poder permanente.

El principio que otorga al pensamiento el poder dinámico de correlacionarse con su objeto y, por lo tanto, de dominar cualquier experiencia humana adversa, es la ley de atracción, que es otra manera de llamar al amor. Éste es un principio eterno y fundamental, inherente a todas las cosas, a todo sistema de Filosofía, a toda Religión y toda Ciencia. Uno no puede escapar de la ley del amor.

Es el sentimiento que da vitalidad al pensamiento. El sentimiento es deseo y éste a su vez es amor. El pensamiento impregnado de amor se vuelve invencible.

Encontramos esta verdad enfatizada dondequiera que el poder del pensamiento es comprendido. La Mente Universal no sólo es Inteligencia, sino que también es sustancia, y esta sustancia es la fuerza que une a los electrones por la ley de atracción, para que formen átomos. Los átomos, a su vez, son reunidos por la misma ley y forman moléculas. Las moléculas adoptan formas objetivas y, así, descubrimos que la ley del amor es la fuerza creadora que está detrás de toda manifestación, no sólo de átomos, sino también de mundos, del Universo y de todo lo que la imaginación puede concebir.

Es el funcionamiento de esta maravillosa ley de atracción lo que ha hecho que personas de todos los siglos y todas las épocas creyeran que debía de haber algún ser personal que respondía a sus peticiones y deseos y manipulaba los acontecimientos para cumplir con sus exigencias.

Es la combinación de Pensamiento y Amor lo que forma esa fuerza irresistible llamada la ley de atracción. Todas las leyes naturales son irresistibles: la ley de gravedad, o la electricidad, o cualquier otra ley que funcione con exactitud matemática. No hay ninguna variación; sólo el canal de distribución puede ser imperfecto. Si un puente se cae, no atribuimos el derrumbamiento a ninguna variación en la ley de gravedad. Si una luz nos falla, no concluimos que las leyes que gobiernan la electricidad no son fiables, y si la ley de atracción parece estar imperfectamente demostrada por una persona inexperta o mal informada, no debemos concluir que la ley más maravillosa e infalible, de la que depende todo el sistema de creación, ha dejado de funcionar. Antes bien, deberíamos concluir que necesitamos comprender un poco mejor esta ley, por la misma razón que la solución correcta a un problema de matemáticas difícil no siempre se obtiene rápida y fácilmente.

Las cosas son creadas en el mundo mental o espiritual antes de que aparezcan en un acto o suceso exterior. Mediante el simple proceso de gobernar nuestras fuerzas de pensamiento hoy, ayudamos a crear los acontecimientos que llegarán a nuestras vidas en el futuro, quizá incluso mañana. El deseo educado es el medio más poderoso para llevar la ley de atracción a la acción.

El ser humano está constituido de tal manera que primero debe crear las herramientas o los implementos con los que obtiene el poder de pensar. La mente no puede comprender una idea totalmente nueva hasta que una célula cerebral vibratoria correspondiente esté preparada para recibirla. Esto explica por qué nos resulta tan difícil recibir o apreciar una idea completamente nueva: porque no tenemos ninguna célula cerebral capaz de recibirla. Por lo tanto, somos incrédulos; no nos la creemos.

Por lo tanto, si no has estado familiarizado con la Omnipotencia de la ley de atracción y con el método científico mediante el cual puede ponerse en funcionamiento, o si no has estado familiarizado con las posibilidades ilimitadas que abre para aquellos que pueden sacar provecho de los recursos que ofrece, empieza ahora y crea las células cerebrales necesarias para poder comprender los poderes ilimitados que pueden ser tuyos si cooperas con la Ley Natural. Esto se hace mediante la concentración o la atención.

La intención gobierna a la atención. El poder llega a través del reposo. Es mediante la concentración que se consiguen los pensamientos profundos, el discurso sabio y todas las fuerzas de alta potencialidad.

A través del silencio entras en contacto con el poder Omnipotente de la mente subconsciente, de la que evoluciona todo poder.

Quien desee tener sabiduría, poder o un éxito permanente de cualquier tipo lo encontrará únicamente en su interior. Es un despliegue. Alguna persona podría concluir que ese silencio se consigue de una forma muy sencilla y fácil, pero debemos recordar que sólo en el silencio absoluto puede uno entrar en contacto con la divinidad misma, aprender la ley invariable y abrir por sí mismo los canales por los que la práctica perseverante y la concentración conducen a la perfección.

Esta semana, siéntate en la misma silla, en la misma habitación y en la misma posición que las veces anteriores. Asegúrate de relajarte y dejarte ir, tanto física como mentalmente. Haz esto siempre;

nunca intentes realizar ningún trabajo mental bajo presión; intenta que que no haya músculos o nervios tensos, de estar absolutamente cómodo. A continuación, toma consciencia de tu unidad con la omnipotencia. Entra en contacto con su poder, llega a una comprensión, a un aprecio y una conciencia profundos y trascendentales del hecho de que tu capacidad de pensar es tu capacidad de tener un efecto en la Mente Universal, y tráela a la manifestación. Date cuenta de que satisfará todas y cada una de tus peticiones, de que tienes exactamente la misma habilidad potencial que ha tenido o tendrá jamás cualquier persona, porque cada persona no es más que una expresión o manifestación del Único. Todas las personas forman parte del todo; no hay ninguna diferencia de tipo o cualidad; la única diferencia está en el grado.

Estudia las preguntas y sus respuestas

111. ¿Cuál es la mejor manera de realizar cualquier objetivo en la vida?
    Mediante una comprensión científica de la naturaleza espiritual del pensamiento.

112. ¿Qué tres pasos son absolutamente esenciales?
    El conocimiento de nuestro poder, la valentía para ser osados y la fe para actuar.

113. ¿Cómo se consigue el conocimiento práctico, que funciona?
    Mediante una comprensión de las leyes Naturales.

114. ¿Cuál es la recompensa de la comprensión de esas leyes?
    Darnos cuenta conscientemente de nuestra capacidad de ajustarnos al principio divino e inalterable.

115. ¿Qué es lo que indicará el grado de éxito que alcanzamos?
    La medida en que nos demos cuenta de que no podemos cambiar a la Mente Infinita, sino que debemos cooperar con ella.

116. ¿Cuál es el principio que le confiere al pensamiento su poder dinámico?

La Ley de Atracción que se apoya en la vibración, la cual, a su vez, se apoya en la ley del amor. El pensamiento impregnado de amor se torna invencible.

117. ¿Por qué es irresistible esta ley?

Porque es una Ley Natural. Todas las leyes Naturales son irresistibles e inalterables y actúan con exactitud matemática. No hay ninguna desviación o variación.

118. ¿Por qué, entonces, parece tan difícil encontrar una solución a nuestros problemas en la vida?

Por el mismo motivo por el que a veces es difícil encontrar la solución correcta a un difícil problema matemático. La persona está mal informada o es inexperta.

119. ¿Por qué es imposible para la mente comprender una idea completamente nueva?

Porque no tenemos ninguna célula cerebral vibratoria capaz de recibir esa idea.

120. ¿Cómo se obtiene la sabiduría?

Mediante la concentración. Es un despliegue; proviene del interior.

✖ *Capítulo trece* ✖

La ciencia física es responsable de la maravillosa era de la invención en la que vivimos actualmente, pero la ciencia espiritual está ahora poniéndose en marcha en una carrera cuyas posibilidades nadie puede predecir.

Antes, la ciencia espiritual era el balón de fútbol de los ignorantes, los supersticiosos, los místicos, pero ahora la gente está interesada únicamente en los métodos claros y los hechos demostrados.

Nos hemos dado cuenta de que pensar es un proceso espiritual, de que la visión y la imaginación preceden a la acción y el acontecimiento, de que ha llegado el día del soñador.

Las siguientes líneas del señor Herbert Kaufman son interesantes en relación con esto:

> *Son arquitectos de grandeza, su visión se encuentra dentro de sus almas. Ellos ven más allá de los velos y las brumas de la duda, y atraviesan los muros del Tiempo que todavía no ha nacido. La rueda con correa, las vías de acero, la hélice que gira, son lanzaderas en el telar en el que tejen sus tapices mágicos. Creadores de Imperios, han luchado por cosas más grandes que las coronas y por asientos más elevados que los tronos. Vuestros hogares están establecidos en la tierra hallada por un soñador. Las pinturas en las paredes son visiones que provienen del alma de un soñador. Ellos son los pocos elegidos: los que iluminan el camino. Los muros se desmoronan y los Imperios caen; la ola gigantesca azota desde el mar y arranca una fortaleza de sus rocas. Las naciones podridas caen de las ramas del Tiempo, y sólo las cosas que los soñadores hacen permanecen.*

El capítulo que viene a continuación cuenta por qué los sueños del soñador se hacen realidad. Explica la ley de causalidad gracias a la cual los soñadores, los inventores, los escritores y los financieros logran que sus deseos se realicen. Explica la ley por la que lo que imaginamos en nuestra mente, tarde o temprano, acaba siendo nuestro.

Capítulo trece

La tendencia y, como puede demostrarse, la necesidad de la ciencia ha sido buscar la explicación de los hechos cotidianos mediante una generalización de esos otros hechos que son menos frecuentes y constituyen la excepción. Así, la erupción de un volcán manifiesta el calor que está continuamente activo en el interior de la Tierra y al que ésta debe gran parte de su configuración.

Así, el relámpago revela un poder sutil que está constantemente ocupado produciendo cambios en el mundo inorgánico y, del mismo modo que lenguas muertas que ahora rara vez se oyen antes solían tener influencia entre las naciones, también un colmillo gigante en Siberia o un fósil en la profundidad de la Tierra no sólo tienen un registro de la evolución de eras pasadas, sino que además explican el origen de las colinas y los valles en los que vivimos hoy.

Así pues, una generalización de datos poco frecuentes, extraños, o que constituyen una excepción, ha sido la aguja magnética que ha guiado todos los descubrimientos de la ciencia inductiva.

Este método se basa en la razón y en la experiencia y, por lo tanto, acabó con la superstición, el precedente y los convencionalismos.

Han transcurrido casi trescientos años desde que lord Bacon recomendó este método de estudio al que las naciones civilizadas deben la mayor parte de su prosperidad y la parte más valiosa de sus conocimientos. Este método ha depurado a la mente de prejuicios estrechos, de las denominadas teorías, más eficazmente que si lo hubiera hecho con la ironía más aguda, llamando la atención de las personas desde el cielo hasta la tierra mediante experimentos sorprendentes con más éxito que con la más enérgica demostración de su ignorancia, educando las facultades inventivas con la perspectiva cercana de unos descubrimientos útiles abiertos para todos, con más fuerza que si hablara de sacar a la luz las leyes innatas de nuestra mente.

El método de Bacon se ha apoderado del espíritu y del propósito de los grandes filósofos de Grecia y los ha puesto en vigor a través de los nuevos medios de observación que nos ofreció otra era, revelando así, gradualmente, un maravilloso campo de conocimiento en el espacio infinito de la astronomía, en el huevo microscópico de la embriología y en la confusa era de la geología; revelando un orden de la pulsación que la lógica de Aristóteles jamás habría podido descubrir y analizando en elementos antes desconocidos las combinaciones materiales que ninguna dialéctica de los escolásticos podría separar a la fuerza.

Ha alargado la vida; ha mitigado el dolor; ha eliminado enfermedades; ha incrementado la fertilidad de la tierra; ha proporcionado más seguridad al marinero; ha tendido puentes sobre grandes ríos de una forma desconocida para nuestros padres; ha guiado al rayo desde el cielo hasta la tierra; ha iluminado la noche con el esplendor del día; ha ampliado el alcance de la visión humana; ha multiplicado el poder de los músculos humanos; ha acelerado el movimiento; ha vencido a la distancia; ha facilitado las relaciones, la correspondencia, todos los oficios amistosos, todos los envíos de negocios; ha permitido al hombre descender a las profundidades del mar, elevarse por los aires, penetrar sin peligro en las profundidades de la Tierra.

Ésta es, entonces, la verdadera naturaleza y la envergadura de la inducción. Pero cuanto mayor es el éxito que los seres humanos alcanzan en la ciencia inductiva, más nos hace ver todo el temor de sus enseñanzas y su ejemplo, la necesidad de observar detenidamente, con paciencia y precisión, con todos los instrumentos y recursos que tenemos a nuestro alcance, los datos individuales antes de arriesgarnos a hacer una declaración de leyes generales.

Descubrir el comportamiento de la chispa extraída de la máquina eléctrica en una variedad de circunstancias, para que así nos animemos a estudiar con Franklin, en la forma de una cometa, la pregunta a la nube sobre la naturaleza del relámpago. Asegurarnos del modo en que los cuerpos caen con la exactitud de un Galileo, para que con Newton nos atrevamos a preguntarle a la Luna sobre la fuerza que la mantiene ligada a la Tierra.

En pocas palabras, por el valor que atribuimos a la verdad, por nuestra esperanza de un progreso constante y universal, no debemos permitir que un prejuicio tiránico omita o mutile una realidad incómoda, sino que debemos levantar la superestructura de la ciencia sobre la amplia e inalterable base de la plena atención prestada a los fenómenos más aislados, así como a los más frecuentes.

Se puede reunir cada vez más material mediante la observación, pero los datos acumulados tienen un valor muy distinto para la explicación de la naturaleza, y del mismo modo que valoramos más las cualidades útiles menos frecuentes de las personas, también la filosofía natural escudriña los datos y atribuye una importancia preeminente a esa categoría sorprendente que no puede ser explicada mediante la observación normal y diaria de la vida.

Entonces, si descubrimos que ciertas personas parecen poseer un poder inusual, ¿qué debemos concluir? En primer lugar, es posible que digamos que no es cierto, lo cual es simplemente un reconocimiento de nuestra falta de información, porque todo investigador honesto reconoce que continuamente están teniendo lugar muchos fenómenos extraños y anteriormente inexplicables. Sin embargo, aquellas personas que se familiaricen con el poder creador del pensamiento dejarán de considerarlos inexplicables.

En segundo lugar, podemos decir que son el resultado de una interferencia sobrenatural, pero una comprensión científica de las Leyes Naturales nos convencerá de que no hay nada sobrenatural. Todo fenómeno es el resultado de una causa exacta concreta, y la causa es una ley o principio inmutable que funciona con una precisión invariable, tanto si la ley es puesta en funcionamiento consciente o inconscientemente.

En tercer lugar, podemos decir que estamos en «terreno prohibido», que hay algunas cosas que no deberíamos saber. Esta objeción ha sido utilizada contra todos los avances en el conocimiento humano. Todas las personas que alguna vez han avanzado una nueva idea (tanto si se trataba de un Colón, un Darwin, un Galileo, un Fulton o un Emerson) fueron ridiculizadas o perseguidas, así que no deberíamos tomar en serio esta objeción, sino que, al contrario, deberíamos considerar detenidamente cada dato que llama nuestra atención: al hacerlo descubriremos más rápidamente la ley en la que se basa.

Se descubrirá que el poder creador del pensamiento explicará todas las circunstancias o experiencias posibles, tanto si son físicas, mentales o espirituales.

El pensamiento creará circunstancias que se corresponderán con la actitud mental predominante. Por lo tanto, puesto que el miedo es una forma de pensamiento poderosa, si tememos el desastre, el desastre será el resultado seguro de nuestro pensamiento. Ésta es la forma de pensamiento que con frecuencia acaba con el resultado de muchos años de trabajo y esfuerzo.

Si pensamos en alguna forma de riqueza material, podemos conseguirla. Mediante el pensamiento concentrado, se producirán las condiciones requeridas y se invertirá el esfuerzo adecuado, lo cual tendrá como resultado la creación de las circunstancias necesarias para realizar nuestros deseos. Sin embargo, con frecuencia descubrimos que cuando conseguimos las cosas que creíamos desear, no tienen el efecto que esperábamos. Es decir, que la satisfacción es sólo temporal, o posiblemente es lo opuesto a lo que esperábamos.

¿Cuál es, entonces, el método de procedimiento adecuado? ¿Qué debemos pensar para conseguir lo que realmente deseamos? Lo que tú y yo deseamos, lo que todos deseamos, lo que todo el mundo está buscando, es Felicidad y Armonía. Si podemos ser verdaderamente felices tendremos todo lo que el mundo puede dar. Si somos felices podemos hacer felices a los demás.

Pero no podemos ser felices a menos que tengamos salud, fuerza, buenos amigos, un ambiente agradable y provisiones suficientes, no sólo para cubrir nuestras necesidades, sino también para proporcionarnos las comodidades y los lujos que nos merecemos.

La antigua forma ortodoxa de pensar consistía en ser conformistas, estar satisfechos con lo que tuviéramos, sea lo que fuere, pero la idea moderna es saber que nos merecemos tener lo mejor de todo, que «el Padre y yo somos uno» y que el «Padre» es la Mente Universal, el Creador, la Sustancia Original de la que proceden todas las cosas.

Entonces, reconociendo que todo esto es cierto en teoría y que se ha venido enseñando desde hace dos mil años y es la esencia de todo sistema de filosofía o de toda religión, ¿cómo podemos ponerlo en práctica en nuestras vidas? ¿Cómo podemos obtener los resultados reales, tangibles, aquí y ahora?

En primer lugar, debemos poner en práctica nuestros conocimientos. No se puede lograr nada de ninguna otra manera. El atleta puede leer libros y lecciones sobre entrenamiento físico durante toda su vida pero, a menos que empiece a fortalecerse mediante un trabajo real, nunca tendrá fuerza: acabará consiguiendo exactamente lo que da, pero tendrá que darlo primero. Lo mismo ocurre con nosotros: conseguiremos exactamente lo que demos, pero debemos dar primero para que luego regrese a nosotros multiplicado. Dar es simplemente un proceso mental, porque los pensamientos son causas y las circunstancias son los efectos. Por lo tanto, al dar pensamientos de valentía, inspiración, salud o ayuda de cualquier tipo, estamos poniendo en marcha las causas que producirán sus efectos.

El pensar es una actividad espiritual y, por lo tanto, es creativo, pero no te equivoques: el pensamiento no creará nada a menos que esté dirigido consciente, sistemática y constructivamente. Ahí reside la diferencia entre el pensamiento ocioso, que sólo es una dispersión del esfuerzo, y el pensamiento constructivo, que significa un éxito prácticamente ilimitado.

Hemos descubierto que todo lo que recibimos llega a nosotros por la Ley de Atracción. Un pensamiento feliz no puede existir en una consciencia infeliz; por lo tanto, la consciencia debe cambiar. Y cuando eso sucede, todas las condiciones necesarias para satisfacer a la nueva consciencia deben cambiar también gradualmente para adaptarse a los requerimientos de la nueva situación.

Al crear una Imagen Mental o un Ideal, estamos proyectando un pensamiento a la Sustancia Universal a partir de la cual todas las cosas son creadas. Esta Sustancia Universal es Omnipresente, Omnipotente y Omnisciente. ¿Debemos informar a lo Omnisciente de cuáles son los canales adecuados para materializar nuestra petición? ¿Puede lo finito aconsejar a lo Infinito? Ésta es la causa del fracaso, de todo fracaso. Reconocemos la Omnipresencia de la Sustancia Universal, pero no apreciamos el hecho de que esta sustancia no sólo es Omnipresente, sino que también es Omnipotente y Omnisciente y, en consecuencia, pondrá en movimiento unas causas que nos son desconocidas.

La mejor manera de conservar nuestro propio beneficio es reconociendo el Poder Infinito y la Sabiduría Infinita de la Mente Universal y, de este modo, nos convertimos en un canal por el cual el Infinito puede materializar nuestro deseo. Esto quiere decir que el reconocimiento ocasiona la realización; por lo tanto, como ejercicio de esta semana, haz uso de este principio, reconoce el hecho de que eres parte del todo y de que una parte debe ser de la misma clase y cualidad que el todo; la única diferencia que puede haber está en el grado.

Cuando esta fabulosa realidad empiece a penetrar en tu consciencia, cuando realmente te des cuenta del hecho de que tú (no tu cuerpo, sino el Ego), el «yo», el espíritu que piensa, es una parte integral del gran todo, que es igual a Él en sustancia, en cualidad y en clase, y que el Creador no podría crear nada distinto a Él, entonces tú también podrás decir «Mi Padre y yo somos uno», y llegarás a comprender la belleza, la grandeza y las oportunidades trascendentales que han sido puestas a tu disposición.

Estudia las preguntas y sus respuestas

121. ¿Cuál es el método con el que los filósofos natos obtienen y aplican sus conocimientos?

     Observar los hechos individuales detenidamente, con paciencia y precisión, con todos los instrumentos y los recursos de los que disponen, antes de aventurarse a hacer una declaración de leyes generales.

122. ¿Cómo podemos estar seguros de que este método es el correcto?

     No permitiendo que un prejuicio tiránico ignore o mutile una realidad incomoda.

123. ¿Qué hechos son los más valorados?
Aquellos que no pueden ser explicados mediante la observación normal diaria de la vida.

124. ¿En qué se basa este principio?
En la razón y la experiencia.

125. ¿Qué destruye?
La superstición, el precedente y los convencionalismos.

126. ¿Cómo se descubrieron estas leyes?
Mediante una generalización de hechos que son poco comunes, raros, extraños y constituyen una excepción.

127. ¿Cómo podemos explicar gran parte de los fenómenos extraños y hasta ahora inexplicables que están ocurriendo constantemente?
Por el poder creador del pensamiento.

128. ¿Por qué?
Porque cuando nos enteramos de un hecho podemos estar seguros de que es el resultado de cierta causa concreta y que esa causa funcionará con una precisión invariable.

129. ¿Cuál es el resultado de este conocimiento?
Explicará la causa de todas las circunstancias posibles, ya sean físicas, mentales o espirituales.

130. ¿Cómo podemos conservar nuestro propio beneficio?
Reconociendo el hecho de que el conocimiento de la naturaleza creativa del pensamiento nos pone en contacto con el Poder Infinito.

❧ Capítulo catorce ❧

Hasta el momento has descubierto, mediante tus estudios, que el pensamiento es una actividad espiritual y, por lo tanto, está dotado de poder creador. Esto no quiere decir que algunos pensamientos sean creativos, sino que todos los pensamientos lo son. Este mismo principio puede ser puesto en funcionamiento de una forma negativa, a través del proceso de negación.

El consciente y el subconsciente no son más que dos fases de acción relativas a una mente. La relación del subconsciente con el consciente es bastante análoga a la que habitualmente existe entre una veleta y la atmósfera.

Del mismo modo que la mínima presión en la atmósfera provoca una acción por parte de la veleta, también el más mínimo pensamiento albergado por la mente consciente provoca en tu mente subconsciente una acción en exacta proporción a la profundidad del sentimiento que caracteriza al pensamiento y a la intensidad con la que se alberga ese pensamiento.

Por lo tanto, si niegas unas circunstancias insatisfactorias, estás retirando de esas circunstancias el poder creador de tu pensamiento. Estás cortándolas de raíz. Estás agotando su vitalidad.

Recuerda que la ley de crecimiento gobierna necesariamente cada manifestación en lo objetivo, de modo que la negación de circunstancias insatisfactorias no producirá un cambio instantáneo. Una planta seguirá siendo visible durante un tiempo después de que sus raíces hayan sido cortadas, pero gradualmente se marchitará y acabará desapareciendo, de manera que si retiras tu pensamiento de la contemplación de condiciones insatisfactorias acabará, gradualmente pero de una forma segura, con esas circunstancias.

Verás que es un rumbo exactamente opuesto al que nos inclinaríamos naturalmente a adoptar.

Por lo tanto, tendrá el efecto exactamente opuesto al que normalmente está asegurado. La mayoría de la gente se concentra atentamente en las condiciones insatisfactorias, dándole así a la situación la medida de energía y vitalidad que es necesaria para un crecimiento vigoroso.

Capítulo catorce

La Energía Universal en la que tiene su origen todo movimiento, toda luz, toda calor y todo color, no participa de la limitación de los diversos efectos de los que es la causa, sino que es suprema por encima todos ellos. Esta Sustancia Universal es la fuente de todo Poder, toda Sabiduría y toda Inteligencia.

Reconocer esta inteligencia es familiarizarte con la cualidad de conocimiento de la Mente y, a través de ella, moverte por la Sustancia Universal y llevarla a unas relaciones armoniosas con tus asuntos.

Esto es algo que el profesor de ciencias más erudito no ha probado, un campo de descubrimiento al que todavía no se ha lanzado; de hecho, pocas escuelas materialistas han captado alguna vez el primer rayo de esta luz. Al parecer, no se les ha ocurrido que la sabiduría está tan presente en todas partes como lo están la fuerza y la sustancia.

Algunas personas dirán: Si estos principios son ciertos, ¿por qué no los estamos demostrando? Si el principio fundamental es evidentemente correcto, ¿por qué no obtenemos los resultados adecuados? Sí lo hacemos. Obtenemos unos resultados que están en exacta concordancia con nuestra comprensión de la ley y con nuestra habilidad para hacer una aplicación correcta. No obtuvimos ningún resultado de las leyes que gobiernan la electricidad hasta que alguien formuló la ley y nos enseñó a aplicarla.

Esto nos coloca en una relación enteramente nueva con nuestro entorno, abriendo unas posibilidades con las que nunca antes habíamos soñado, y ello mediante un seguimiento metódico de la ley que está implicada naturalmente en nuestra nueva actitud mental.

La mente es creativa y el principio en el que esta ley se basa es sólido y legítimo, e inherente a la naturaleza de las cosas. Pero este poder

147

creador no se origina en el individuo, sino en lo Universal, que es la fuente y el manantial de toda energía y sustancia; el individuo es simplemente el canal de distribución de esta energía. El individuo es el medio por el cual lo Universal produce las diversas combinaciones que tienen como resultado la formación de los fenómenos.

Sabemos que los científicos han dividido la materia en un inmenso número de moléculas. Estas moléculas a su vez han sido divididas en átomos, y éstos en electrones. El descubrimiento de los electrones en tubos de vidrio de vacío elevado que contenían terminales de metal duro indica de forma concluyente que los electrones llenan todo el espacio: que existen en todas partes, que son omnipresentes. Llenan todos los cuerpos materiales y ocupan la totalidad de lo que llamamos espacio vacío. Ésta es, entonces, la Sustancia Universal de la que proceden todas las cosas.

Los electrones seguirían siendo electrones siempre si no fueran dirigidos para juntarse y formar átomos y moléculas, y quien los dirige es la Mente. Un número de electrones girando alrededor de un centro de fuerza constituye un átomo. Los átomos se unen en proporciones matemáticas absolutamente regulares y forman moléculas, y éstas se unen unas con otras para formar una multitud de compuestos que, a su vez, se unen para construir el Universo.

El átomo más liviano que se conoce es el de hidrógeno, y es 1.700 veces más pesado que un electrón. Un átomo de mercurio es 300.000 veces más pesado que un electrón. Los electrones son electricidad negativa pura y, puesto que tienen la misma velocidad potencial que todas las otras energías cósmicas, como el calor, la luz, la electricidad y el pensamiento, ni el tiempo ni el espacio requieren consideración. Es interesante la forma en que se descubrió la velocidad de la luz.

La velocidad de la luz fue obtenida por el astrónomo danés Roemer en 1676 mediante la observación de los eclipses de las lunas de Júpiter. Cuando la Tierra estaba más cerca de Júpiter, el eclipse aparecía unos ocho minutos y medio demasiado pronto para los cálculos, y cuando la Tierra estaba más alejada de Júpiter, llegaba aproximadamente ocho minutos y medio tarde. Roemer concluyó que el motivo era que se necesitaban 17 minutos para que la luz del planeta atravesara el diámetro de la órbita de la Tierra, que medía la diferencia de las distancias entre la Tierra y Júpiter. Este cálculo ha sido verificado desde entonces y demuestra que la luz viaja aproximadamente a 300.000 kilómetros por segundo.

Los electrones se manifiestan en el cuerpo como células y poseen una mente y una inteligencia suficientes para realizar sus funciones en la anatomía física humana. Cada parte del cuerpo está compuesta por células, algunas de las cuales funcionan independientemente mientras que en otras lo hacen en comunidades. Las hay que están ocupadas creando tejidos, mientras que otras se dedican a formar las diversas secreciones necesarias para el cuerpo. Algunas actúan como transportadoras de material, otras son los cirujanos cuyo trabajo es reparar los daños; algunas células son basureros que se llevan los desperdicios, mientras que otras están continuamente preparadas para repeler a los invasores o a intrusos indeseables de la familia de los gérmenes.

Todas estas células se mueven con una finalidad común y cada una de ellas no sólo es un organismo vivo, sino que tiene la inteligencia necesaria para poder realizar las labores atribuidas. También están dotadas de la inteligencia suficiente para conservar las energías y perpetuar su propia vida. Por lo tanto, deben asegurarse la nutrición suficiente, y últimamente se ha descubierto que ejercitan la capacidad de elección en la selección de los nutrientes.

Cada célula nace, se reproduce, muere y es absorbida. El mantenimiento de la salud y de la vida misma depende de la constante regeneración de estas células.

Por lo tanto, está claro que hay mente en cada átomo del cuerpo. Esta mente es una mente negativa, y el poder de pensar de la persona la convierte en positiva, de manera que puede controlar esta mente negativa. Es la explicación científica de la sanación metafísica, y permitirá que cualquier individuo pueda entender el principio en el que se apoya este destacable fenómeno.

Esta mente negativa, que está contenida en cada célula del cuerpo, ha sido llamada la mente subconsciente porque actúa sin nuestro conocimiento consciente. Hemos descubierto que esta mente subconsciente responde a la voluntad de la mente consciente.

Todas las cosas tienen su origen en la mente, y las apariencias son el resultado del pensamiento. De manera que vemos que las cosas en sí mismas no tienen ni origen, ni permanencia, ni realidad. Puesto que son producidas por el pensamiento, pueden ser borradas también por el mismo.

En la ciencia mental, al igual que en la ciencia natural, se están realizando experimentos y cada descubrimiento eleva al hombre un escalón más en dirección a su posible meta. Descubrimos que cada persona es el reflejo de los pensamientos que ha albergado a lo largo de su vida. Esto está impreso en su rostro, en su forma, en su carácter y en su entorno.

Detrás de cada efecto hay una causa, y si seguimos su rastro hasta el punto de inicio encontraremos el principio creador del que surgió. Las pruebas de ello son ahora tan completas que esta verdad es generalmente aceptada.

El mundo objetivo está controlado por un poder invisible y, hasta este momento, inexplicable. Hasta el día de hoy, hemos personalizado ese poder y lo hemos llamado Dios. Pero ahora, sin embargo, hemos aprendido a verlo como la esencia penetrante o el Principio de todo lo que existe: la Mente Infinita o Universal.

La Mente Universal, al ser infinita y omnipotente, dispone de unos recursos ilimitados, y cuando recordamos que además es omnipresente no podemos escapar a la conclusión de que nosotros debemos de ser una expresión o una manifestación de dicha Mente.

El reconocimiento y la comprensión de los recursos de la mente subconsciente nos indicarán que la única diferencia entre el subconsciente y lo Universal está en el grado. Difieren únicamente como una gota de agua difiere del océano. Son iguales en clase y cualidad; la diferencia está únicamente en el grado.

¿Aprecias, puedes apreciar, el valor de este dato tan sumamente importante? ¿Te das cuenta de que un reconocimiento de este enorme hecho te pone en contacto con la Omnipotencia? Dado que la mente subconsciente es el punto de conexión entre la Mente Universal y la mente consciente, ¿acaso no es evidente que la mente consciente puede sugerir conscientemente pensamiento que la mente subconsciente pondrá en marcha? Y, puesto que la mente subconsciente es una con la Mente Universal, ¿acaso no es evidente que no se puede poner ningún límite a esas actividades?

Una comprensión científica de este principio explicará los maravillosos resultados que se obtienen con el poder de la oración. Los resultados obtenidos de esta forma no son creados por una dispensación especial de la providencia sino que, por el contrario, son el resultado del funcionamiento de una ley perfectamente natural. Por lo tanto, no hay nada religioso o misterioso en ello.

Sin embargo, hay muchas personas que no están dispuestas a entrar en la disciplina necesaria para pensar correctamente, a pesar de que es evidente que el pensamiento erróneo les ha traído el fracaso.

El pensamiento es la única realidad; las circunstancias son sólo manifestaciones externas. Cuando el pensamiento cambia, todas las condiciones externas o materiales deben cambiar para estar en armonía con su creador, que es el pensamiento.

Pero el pensamiento debe ser definido, constante, fijo, concreto e inalterable. No puedes dar un paso hacia adelante y dos pasos hacia atrás, ni tampoco puedes pasar veinte o treinta años de tu vida creando circunstancias negativas como consecuencia de tus pensamientos negativos y luego esperar que desaparezcan como consecuencia de quince o veinte minutos de pensamiento correcto.

Si entras en la disciplina necesaria para producir un cambio radical en tu vida, debes hacerlo deliberadamente, después de haber meditado sobre el tema y haberlo considerado a fondo. Después, no debes permitir que nada interfiera con tu decisión.

Esta disciplina, este cambio en el pensamiento, esta actitud mental, no sólo te traerá las cosas materiales que son necesarias para tu mayor bienestar, sino que, por lo general, también te aportará salud y circunstancias armoniosas.

Si deseas tener circunstancias armoniosas en tu vida, debes desarrollar una actitud mental armoniosa.

Tu mundo externo será un reflejo de tu mundo interno.

Para el ejercicio correspondiente, concéntrate en la armonía, y cuando digo «concéntrate» me refiero a todo lo que la palabra implica. Concéntrate de una forma tan profunda, tan seria, que no seas consciente de nada más que de la armonía. Recuerda, aprendemos haciendo. Leer estas lecciones no te llevará a ninguna parte. El valor está en la aplicación práctica.

Estudia las preguntas y sus respuestas

131. ¿Cuál es la fuente de toda Sabiduría, todo Poder y toda Inteligencia?
La Mente Universal.

132. ¿Dónde se origina todo movimiento, toda luz, toda calor y todo color?
En la Energía Universal, que es una manifestación de la Mente Universal.

133. ¿Dónde se origina el poder creador del pensamiento?
En la Mente Universal.

134. ¿Qué es el pensamiento?
Mente en movimiento.

135. ¿Cómo se diferencia lo Universal en la forma?
El individuo es el medio por el cual lo Universal produce las diversas combinaciones que tiene como resultado la formación de los fenómenos.

136. ¿Cómo se logra?
El poder que tiene el individuo para pensar es su capacidad de tener un efecto en lo Universal y traerlo a la manifestación.

137. Hasta donde sabemos, ¿cuál es la primera forma que adopta lo Universal?
La de electrones, los cuales llenan todo el espacio.

138. ¿Dónde se originan todas las cosas?
     En la mente.

139. ¿Cuál es el resultado de un cambio en la forma de pensar?
     Un cambio en las circunstancias.

140. ¿Cuál es el resultado de una actitud mental armoniosa?
     Unas circunstancias armoniosas en la vida.

❧ *Capítulo quince* ❧

Los experimentos con parásitos hallados en plantas indican que incluso el orden de vida más inferior puede aprovechar la ley natural. Este experimento fue realizado por Jacques Loch, Doctor en Medicina, Doctor en Filosofía y miembro del Instituto Rockefeller.

«Para obtener el material, se llevan unos rosales en macetas a una habitación y se los coloca delante de una ventana cerrada. Si se deja que las plantas se sequen, los áfidos (parásitos), que antes no tenían alas, se convierten en insectos alados. Después de la metamorfosis, los animales abandonan las plantas, vuelan hasta la ventana y luego se arrastran hacia arriba en el cristal».

Es evidente que estos diminutos insectos se dieron cuenta de que las plantas de las que se habían estado alimentando estaban muertas y de que, por lo tanto, ya no podían conseguir nada más para comer y beber de esa fuente. El único método mediante el cual podían salvarse de morir de hambre era desarrollar temporalmente unas alas y volar, y eso fue lo que hicieron.

Experimentos como estos indican que la Omnisciencia, así como la Omnipotencia, es omnipresente, y que el ser vivo más diminuto puede sacar provecho de ella en una emergencia.

Este capítulo te contará más sobre las leyes bajo las cuales vivimos. Te explicará que estas leyes funcionan para nuestro provecho; que todas las circunstancias y experiencias que nos llegan son para nuestro beneficio; que recibimos fuerza en proporción al esfuerzo invertido y que nuestra felicidad se consigue mejor a través de una cooperación consciente con las Leyes Naturales.

✖ Capítulo quince ✖

Las leyes bajo las que vivimos están diseñadas únicamente para nuestro provecho. Estas leyes son inmutables y no podemos escapar a su funcionamiento.

Todas las grandes fuerzas eternas actúan en silencio solemne, pero está en nuestras manos colocarnos en armonía con ellas y, de ese modo, expresar una vida de relativa paz y felicidad.

Las dificultades, la falta de armonía y los obstáculos indican que estamos negándonos a dar aquello que ya no necesitamos o negándonos a aceptar lo que necesitamos.

El crecimiento se logra a través de un intercambio de lo viejo por lo nuevo, de lo bueno por lo mejor. Es una acción condicional o recíproca, pues cada uno de nosotros es una entidad completa de pensamiento y el hecho de que sea completa hace posible que recibamos únicamente tanto como damos.

No podemos obtener aquello de lo que carecemos si nos aferramos tenazmente a lo que tenemos. Podemos controlar conscientemente nuestras circunstancias cuando llegamos a percibir el propósito de lo que atraemos y somos capaces de extraer de cada experiencia únicamente lo que necesitamos para seguir creciendo. Nuestra habilidad para hacer esto determina el grado de armonía o felicidad que conseguimos.

La capacidad de apropiarnos de lo que necesitamos para nuestro crecimiento aumenta continuamente cuando alcanzamos planos más elevados y visiones más amplias. Cuanto mayor es nuestra capacidad de saber lo que necesitamos, más seguros nos sentiremos para percibir su presencia, para atraerlo y absorberlo. Nada puede llegar a nosotros, excepto lo que es necesario para nuestro crecimiento.

Todas las circunstancias y experiencias que llegan a nosotros lo hacen para nuestro beneficio. Las dificultades y los obstáculos continuarán apareciendo hasta que absorbamos su sabiduría y captemos lo esencial para continuar creciendo.

Cosechamos lo que sembramos: esto es matemáticamente exacto. Obtenemos una fuerza permanente exactamente en proporción al esfuerzo requerido para superar las dificultades.

Los requerimientos inexorables del crecimiento exigen que ejerzamos el mayor grado de atracción de lo que está perfectamente de acuerdo con nosotros. La mejor manera de obtener nuestra mayor felicidad es a través de la comprensión de las Leyes Naturales y de una cooperación consciente con ellas.

Para poseer vitalidad, el pensamiento debe estar lleno de amor. El amor es un producto de las emociones. Por lo tanto, es esencial que las emociones sean controladas y guiadas por el intelecto y la razón.

Es el amor el que confiere vitalidad al pensamiento y, de ese modo, le permite germinar. La ley de atracción, o la ley del amor, porque son una y la misma, le aportará el material necesario para su crecimiento y maduración.

La primera forma que encontrará el pensamiento es el lenguaje o las palabras. Esto determina la importancia de las palabras: ellas son la primera manifestación del pensamiento –los recipientes en los que se transporta el pensamiento. Se agarran del éter y, poniéndolo en movimiento, reproducen el pensamiento para los demás en forma de sonido.

El pensamiento puede llevar a cualquier tipo de acción, pero cualquiera que sea la acción, es simplemente pensamiento intentando expresarse en una forma visible. Por lo tanto, es evidente que si queremos tener unas circunstancias deseables sólo nos podemos permitir albergar pensamientos deseables.

Esto nos lleva a la inevitable conclusión de que si deseamos expresar abundancia en nuestras vidas, únicamente nos podemos permitir pensar en la abundancia. Y puesto que las palabras sólo son pensamientos que están tomando forma, debemos ser especialmente cuidadosos de usar solamente un lenguaje constructivo y armonioso que, cuando finalmente se cristalice en formas objetivas, resulte ser para nuestro beneficio.

No podemos escapar de las imágenes que fotografiamos sin cesar en la mente. Esa fotografía de conceptos erróneos es exactamente lo hacemos mediante el uso de las palabras, cuando usamos cualquier forma de lenguaje que no se identifica con nuestro bienestar.

A medida que nuestros pensamientos se van clarificando y alcanzan planos más elevados, manifestamos cada vez más vida. Esto se consigue con mayor facilidad cuando usamos imágenes de palabras que están claramente definidas y libres de los conceptos adheridos a ellas en los planos inferiores del pensamiento.

Debemos expresar nuestros pensamientos con palabras, y si deseamos hacer uso de formas de verdad más elevadas debemos usar únicamente el material que ha sido cuidadosa e inteligentemente seleccionado con esta finalidad.

Este maravilloso poder de vestir a los pensamientos en forma de palabras es lo que diferencia al ser humano del resto del reino animal. Mediante el uso de la palabra escrita ha sido capaz de mirar atrás a través de los siglos y ver las escenas.

Se le ha permitido entrar en comunión con los más grandes escritores y pensadores de todos los tiempos. Por lo tanto, el conjunto de escritos que poseemos actualmente es la expresión del Pensamiento Universal que ha estado intentando tomar forma en la mente del Hombre.

Sabemos que el Pensamiento Universal tiene como objetivo la creación de la forma; sabemos que el pensamiento individual también está intentando eternamente expresarse en la forma, y sabemos que la palabra es una forma y que una frase es una combinación de formas de pensamiento. Por lo tanto, si deseamos hacer realidad nuestro ideal de ser bellos o fuertes, tenemos que fijarnos que las palabras a partir de las cuales será creado este templo sean exactas; debemos combinarlas atentamente, porque la precisión al construir palabras y frases es la forma más elevada de arquitectura en la civilización y un pasaporte al éxito.

Las palabras son pensamientos y, por lo tanto, son un poder invisible e invencible. Finalmente se expresarán en la forma concreta que se les dé.

Las palabras pueden convertirse en lugares mentales que vivirán para siempre o pueden convertirse en chabolas que serán arrastradas por la primera brisa. Pueden deleitar a la vista y al oído, y pueden contener conocimientos. En ellas encontramos la historia del pasado y la esperanza del futuro; son mensajeras vivas de las que nacen todas las actividades humanas y sobrehumanas.

La belleza del mundo depende de la belleza del pensamiento; el poder del mundo depende del poder del pensamiento, y el poder del pensamiento depende de su vitalidad. ¿Cómo podemos identificar un pensamiento vital? ¿Cuáles son sus características distintivas? Debe de tener un principio. ¿Cómo identificaremos ese principio?

Hay un principio de las Matemáticas, pero no hay ninguno del error; hay un principio de la salud, pero ninguno de la enfermedad; hay un principio de la verdad, pero ninguno de la deshonestidad; hay un principio de la luz, pero ninguno de la oscuridad, y hay un principio de la abundancia, pero ninguno de la pobreza.

¿Cómo podemos saber si esto es cierto? Porque si aplicamos correctamente el principio de las Matemáticas estaremos seguros de nuestros resultados. Ahí donde hay salud, no puede haber enfermedad. Si conocemos la Verdad, no podemos ser engañados por el error. Si dejamos entrar la luz, no puede haber oscuridad, y donde hay abundancia no puede haber pobreza.

Éstos son hechos evidentes, pero parece que hemos pasado por alto la importante verdad de que un principio que contiene pensamientos es vital; por lo tanto, contiene vida y, en consecuencia, echará raíces. Tarde o temprano, pero con certeza, acabará desplazando a los pensamientos negativos, los cuales, por su naturaleza misma, no pueden contener ninguna vitalidad.

Es un hecho que te permitirá destruir toda forma de discordia, carencia y limitación.

No puede haber ninguna duda de que quien sea «lo bastante inteligente para comprender» reconocerá rápidamente que el poder creador del pensamiento pone en sus manos un arma invencible y lo convierte en el amo de su destino.

En el mundo físico hay una ley de compensación que dice que «la aparición de una cantidad dada de energía en cualquier lugar significa la desaparición de la misma cantidad en otra parte». De modo que descubrimos que sólo podemos obtener aquello que damos. Si nos comprometemos con una determinada acción, debemos estar preparados para asumir la responsabilidad del desarrollo de dicha acción. El subconsciente no puede razonar. Nos lleva a nuestro mundo; hemos pedido algo y ahora vamos a recibirlo; hemos hecho nuestra cama y ahora debemos acostarnos en ella; la suerte está echada; los hilos tejerán el diseño que hemos creado.

Por este motivo, se debe ejercitar la Perspicacia, para que el pensamiento que alberguemos no contenga ningún germen mental, moral o físico que no deseemos que se materialice en nuestras vidas.

La Perspicacia es una facultad de la mente, con la cual podemos examinar los hechos y las circunstancias desde la distancia; es una especie de telescopio que nos permite comprender las dificultades, así como las posibilidades, en cualquier empresa.

La Perspicacia nos permite estar preparados para los obstáculos que podemos encontrar. Por lo tanto, podemos superarlos antes de que tengan la oportunidad de causarnos dificultades.

La Perspicacia nos permite planificar con ventaja y llevar nuestros pensamientos y nuestra atención por la dirección correcta, en lugar de llevarlos por canales que no pueden darnos ninguna recompensa.

La Perspicacia es, por lo tanto, absolutamente esencial para el desarrollo de cualquier gran logro, y con ella podemos entrar en cualquier campo mental, explorarlo y poseerlo.

La Perspicacia es un producto del mundo interior y se desarrolla en el silencio, mediante la concentración.

Para el ejercicio de esta semana, concéntrate en la Perspicacia. Adopta tu posición habitual y concentra el pensamiento en el hecho de que conocer el poder creador del pensamiento no implica poseer el arte de pensar. Deja que el pensamiento medite sobre el hecho de que el conocimiento no se aplica a sí mismo; de que nuestros actos no están gobernados por el conocimiento, sino por la costumbre, el precedente y el hábito. De que la única manera en que podemos aplicar el conocimiento es mediante un esfuerzo consciente decidido. Recuerda el hecho de que el conocimiento que no se utiliza desaparece de la mente, que el valor de la información está en la aplicación del principio. Continúa por esta línea de pensamiento hasta que tengas la penetración suficiente como para formular un programa definido para aplicar este principio a tu propio problema particular.

Estudia las preguntas y sus respuestas

141. ¿Qué es lo que determina el grado de armonía que alcanzamos?
Nuestra capacidad de apropiarnos de lo que necesitamos para nuestro crecimiento a partir de cada experiencia.

142. ¿Qué indican las dificultades y los obstáculos?
Que son necesarios para nuestra sabiduría y nuestro crecimiento espiritual.

143. ¿Cómo se pueden evitar estas dificultades?
Mediante una comprensión consciente de las Leyes Naturales y una cooperación con ellas.

144. ¿Cuál es el principio por el cual el pensamiento se manifiesta en la forma?
La Ley de Atracción.

145. ¿Cómo se consigue el material necesario para que el crecimiento, el desarrollo y la madurez de una idea tomen forma?
La ley del amor, que es el principio creador del Universo, imparte vitalidad al pensamiento, y la ley de atracción atrae la sustancia necesaria a través de la ley del crecimiento.

146. ¿Cómo se consiguen las circunstancias deseables?
Albergando únicamente pensamientos deseables.

147. ¿Cómo se producen las circunstancias no deseables?

Pensando, comentando y visualizando todo tipo de circunstancias de carencia, limitación, enfermedad, desarmonía y discordia. Esta fotografía mental de ideas erróneas es asumida por el subconsciente, y la ley de atracción la cristaliza inevitablemente trayéndola a la forma objetiva. El dicho de que cosechamos lo que sembramos es científicamente exacto.

148. ¿Cómo podemos superar todo tipo de miedo, carencia, limitación, pobreza y discordia?

Sustituyendo el error con el principio.

149. ¿Cómo podemos reconocer este principio?

Dándonos cuenta conscientemente del hecho de que la Verdad destruye, invariablemente, al error. No tenemos que expulsar laboriosamente la oscuridad; lo único necesario es encender la luz. El mismo principio se aplica a toda forma de pensamiento negativo.

150. ¿Cuál es el valor de la Perspicacia?

Nos permite comprender el valor de aplicar los conocimientos que obtenemos. Muchas personas parecen pensar que esos conocimientos se aplicarán automáticamente a sí mismos, lo cual no es, en absoluto, verdad.

❧ *Capítulo dieciséis* ❧

Las actividades vibratorias del Universo planetario están gobernadas por la ley de periodicidad. Todo lo que vive tiene períodos de nacimiento, crecimiento, productividad y declive. Estos períodos están gobernados por la Ley del Siete.

La Ley del Siete gobierna los días de la semana, las fases de la luna, las armonías del sonido, la luz, la electricidad, el magnetismo y la estructura atómica. Gobierna la vida de las personas y de las naciones, y domina las actividades del mundo comercial.

La vida es crecimiento, y el crecimiento es cambio. Cada período de siete años nos lleva a un nuevo ciclo. Los primeros siete años son el período de la infancia. Los siguientes siete años son el período de la niñez, representando el comienzo de la responsabilidad individual. Los siguientes siete representan el período de la adolescencia. El cuarto período marca la consecución del pleno crecimiento. El quinto período es el período constructivo, cuando las personas empiezan a adquirir propiedades, posesiones, una vivienda y una familia. El siguiente, de los 35 a los 42, es un período de reacciones y cambios, y éste, a su vez, es seguido por un período de reconstrucción, reajuste y recuperación, para estar preparados para un nuevo ciclo de siete, empezando por el decimoquinto año.

Muchas personas creen que el mundo está apunto de dejar atrás el sexto período; que pronto entrará en el séptimo, el período de reajuste, de reconstrucción y armonía, el período al que se suele llamar el Milenio.

Los que estén familiarizados con estos ciclos no se alterarán cuando parezca que las cosas van mal, pero pueden aplicar el principio explicado en estas lecciones con la plena seguridad de que una ley superior controlará invariablemente a todas las demás leyes y que, mediante una comprensión y una utilización consciente de las leyes espirituales, podemos convertir toda aparente dificultad en una bendición.

Capítulo dieciséis

La riqueza es un producto del trabajo. El capital es un efecto, no una causa; un sirviente, no un amo; un medio, no un fin.

La definición de riqueza más comúnmente aceptada es que se compone de todas las cosas útiles y agradables que poseen un valor de intercambio. El valor de intercambio es la característica dominante de la riqueza.

Cuando consideramos la pequeña aportación hecha por la riqueza a la felicidad de quien la posee, descubrimos que el verdadero valor no consiste en su utilidad, sino en su intercambio.

Este valor de intercambio la convierte en un medio para conseguir las cosas de valor real con las que podemos alcanzar nuestros ideales.

La riqueza, entonces, nunca debería ser deseada como un fin, sino simplemente como un medio para alcanzar un fin. El éxito depende de un ideal más alto que la mera acumulación de riquezas, y quien aspira a ese éxito debe formular un ideal por el que esté dispuesto a esforzarse.

Con un ideal así en mente, los caminos y los medios pueden y deben ser proporcionados, pero uno no debe cometer el error de sustituir el fin por el medio. Debe haber una finalidad fija, definida; un ideal.

Prentice Mulford dijo: «El hombre de éxito es el hombre que posee la mayor comprensión espiritual, y toda gran fortuna proviene de un poder superior y verdaderamente espiritual». Desgraciadamente, hay quienes no reconocen ese poder; olvidan que la madre de Andrew Carnegie tuvo que ayudar a mantener a su familia cuando llegaron a Norteamérica, que el padre de Arriman era un clérigo pobre con un salario de sólo 200 dólares anuales, que sir Thomas Lipton empezó con sólo 25 centavos. Estos hombres no tenían otro poder en el que confiar, pero no les falló.

El poder de crear depende enteramente del poder espiritual. Hay tres pasos: idealización, visualización y materialización. Cada gran industrial depende exclusivamente de este poder.

«¿Realmente visualizaste para ti toda la situación? Quiero decir, cerraste los ojos, o pudiste cerrarlos, y viste las vías? ¿Y a los trenes funcionando? ¿Y oíste el sonido de los silbatos? ¿Fuiste tan lejos?» «Sí.» «¿Con qué claridad?» «Muy claramente.»

Aquí tenemos una visión de la ley, vemos «causa y efecto», vemos que el pensamiento precede necesariamente a la acción y la determina. Si somos inteligentes, nos daremos cuenta del fabuloso hecho de que ninguna circunstancia arbitraria puede existir ni por un momento y que la experiencia humana es el resultado de una secuencia ordenada y armoniosa.

La persona de negocios de éxito suele ser un idealista y siempre está esforzándose por alcanzar niveles cada vez más altos. Las fuerzas de pensamiento sutiles tal como se cristalizan en nuestros estados de ánimo diarios son lo que constituye la vida.

El pensamiento es el material plástico con el que creamos imágenes de nuestra idea creciente de la vida. El uso determina su existencia. Como en todas las otras cosas, nuestra capacidad de reconocerlo y usarlo adecuadamente es la condición necesaria para el éxito.

La riqueza prematura no es más que la precursora de la humillación y el desastre, porque no podemos retener permanentemente nada que no merezcamos o que no nos hayamos ganado.

Las condiciones que nos encontramos en el mundo exterior se corresponden con las condiciones que encontramos en el mundo interior. Esto es producido por la ley de atracción. ¿Cómo, entonces, determinaremos qué es entrar en el mundo interior?

Cualquier cosa que entre en la mente a través de los sentidos o de la mente objetiva impresionará a la mente y tendrá como consecuencia una imagen mental que se convertirá en un modelo para las energías creativas. Estas experiencias son, en gran medida, resultado del entorno, del azar, de los pensamientos del pasado y de otras formas de pensamiento negativo, que deben ser analizadas detenidamente antes de ser albergadas. Por otro lado, podemos formar nuestras propias imágenes mentales a través de nuestros propios procesos de pensamiento interiores, independientemente de los pensamientos de los demás, de las condiciones externas y de cualquier tipo de entorno. Y es mediante el ejercicio de este poder que podemos controlar nuestro destino, nuestro cuerpo, nuestra mente y nuestra alma.

Mediante el ejercicio de este poder arrebatamos nuestro destino de las manos del azar y creamos conscientemente, para nosotros mismos, las experiencias que deseamos, porque si percibimos conscientemente una condición, esa condición acabará manifestándose en nuestras vidas. Por lo tanto, es evidente que, en el último análisis, el pensamiento es la única gran causa en la vida.

Por lo tanto, controlar el pensamiento es controlar las circunstancias, las condiciones, el ambiente y el destino.

¿Cómo podemos controlar, entonces, nuestros pensamientos? ¿Cuál es el proceso? Pensar es crear un pensamiento, pero el resultado del pensamiento dependerá de su forma, su cualidad y su vitalidad.

La forma dependerá de las imágenes mentales de las que emane, lo cual dependerá de la profundidad de la impresión, la predominancia de la idea, la claridad de la visión y la osadía de la imagen.

La cualidad depende de su sustancia, y ésta del material del que se compone. Si este material ha sido tejido con pensamientos de vigor, fuerza, valentía y determinación, el pensamiento poseerá esas cualidades.

Y, por último, la vitalidad depende del sentimiento con el que se impregna al pensamiento. Si el pensamiento es constructivo, poseerá vitalidad, tendrá vida, crecerá, se desarrollará, se expandirá, será creativo; atraerá todo lo necesario para su desarrollo completo.

Si el pensamiento es destructivo, tendrá en su interior el germen de su propia disolución. Morirá, pero en el proceso de morir traerá debilidad, enfermedad y todas las demás formas de discordia.

A esto le llamamos el «mal» y, cuando lo atraemos hacia nosotros, algunos estamos dispuestos a atribuir nuestras dificultades a un Ser Supremo. Pero este ser supremo es, simplemente, la Mente en equilibrio.

No es bueno ni malo; simplemente es.

Nuestra capacidad de traerlo a la forma es nuestra capacidad de manifestar el bien o el mal.

El bien y el mal no son, por lo tanto, entidades. Son, simplemente, palabras que usamos para indicar el resultado de nuestros actos, y estos actos, a su vez, están predeterminados por el carácter de nuestros pensamientos.

Si nuestros pensamientos son constructivos y armoniosos, manifestamos el bien. Si son destructivos y discordantes, manifestamos el mal.

Si deseas visualizar un entorno distinto, el proceso consiste simplemente en mantener un ideal en la mente hasta que la visión se haga realidad. No dediques ningún pensamiento a personas, lugares o cosas, pues no tienen lugar en lo absoluto. El ambiente que tú desees contendrá todo lo necesario: las personas y las cosas adecuadas llegarán en el momento y en el lugar adecuados.

A veces no está claro cómo el carácter, la habilidad, el logro, el éxito, el ambiente y el destino pueden ser controlados mediante el poder de la visualización, pero éste es un hecho científico exacto.

Verás que lo que pensamos determina la cualidad de la mente, y la cualidad de la mente, a su vez, determina nuestra habilidad y capacidad mental. Puedes entender que la mejora de nuestra habilidad vendrá seguida naturalmente de un aumento de los logros y un mayor control de las circunstancias.

Así, se verá que las Leyes Naturales funcionan de una forma perfectamente natural y armoniosa; parece que todo «sencillamente ocurre». Si quieres alguna prueba de este hecho, compara los resultados de tus esfuerzos en tu propia vida, cuando tus actos fueron impulsados por ideales elevados y cuando tuviste motivos egoístas u ocultos en tu mente. No necesitarás más pruebas.

Si deseas manifestar la realización de cualquier deseo, forma una imagen mental del éxito en tu mente, visualizando conscientemente tu deseo. De este modo estarás imponiendo el éxito, estarás exteriorizándolo en tu vida mediante métodos científicos.

Sólo podemos ver lo que ya existe en el mundo objetivo, pero lo que visualizamos ya existe en el mundo espiritual, y esa visualización es una muestra sustancial de lo que un día aparecerá en el mundo objetivo si somos fieles a nuestro ideal.

Los psicólogos han llegado a la conclusión de que sólo hay un sentido, el sentido del sentimiento, y que todos los demás sentidos no son más que modificaciones de éste único sentido. Puesto que esto es cierto, sabemos por qué el sentimiento es la fuente misma del poder, por qué las emociones son tan fácilmente controladas por el intelecto y por qué debemos añadir sentimiento a nuestros pensamientos si queremos tener resultados. El pensamiento y el sentimiento son una combinación irresistible.

Ciertamente, la visualización debe ser dirigida por la voluntad. Debemos visualizar exactamente lo que queremos; debemos tener cuidado de no dejar que la imaginación se desmadre. La imaginación es una buena sirvienta, pero con un mal amo, y si no es controlada, puede conducirnos fácilmente a todo tipo de especulaciones y conclusiones que no tienen ninguna base o fundamento en la realidad. Es muy posible que todo tipo de opiniones plausibles sean aceptadas sin ningún examen analítico, y que el resultado inevitable sea el caos mental.

Por lo tanto, debemos construir únicamente imágenes mentales que sean científicamente ciertas. Somete cada idea a un análisis profundo y no aceptes nada que no sea científicamente exacto. Cuando lo hagas, sólo intentarás aquello que sabes que puedes llevar a cabo y el éxito coronará tus esfuerzos. Esto es lo que los hombres de negocios llaman previsión: es algo muy similar a la perspicacia y es uno de los mayores secretos del éxito en todas las iniciativas importantes.

Para el ejercicio de esta semana, intenta darte cuenta del hecho de que la armonía y la felicidad son estados de consciencia y que no dependen de la posesión de cosas; de que las cosas son efectos y llegan como consecuencia de los estados mentales correctos. De manera que, si deseamos tener cualquier tipo de posesión material, nuestra principal preocupación debería ser adquirir la actitud mental que producirá el resultado deseado. Esta actitud mental se origina por la toma de consciencia de nuestra naturaleza espiritual y nuestra unidad con la Mente Universal que es la sustancia de todas las cosas.

Darnos cuenta de esto hará que se materialice todo lo necesario para nuestro disfrute total. Éste es un pensamiento científico correcto. Cuando conseguimos adoptar esta actitud mental es relativamente fácil ver nuestro deseo como algo que ya hemos conseguido. Cuando podamos hacerlo, habremos encontrado la «Verdad» que nos «libera» de todo tipo de carencias o limitaciones.

Estudia las preguntas y sus respuestas

151. ¿De qué depende la riqueza?
De la comprensión de la naturaleza creadora del pensamiento.

152. ¿En qué consiste su verdadero valor?
De su valor de intercambio.

153. ¿De qué depende el éxito?
Del poder espiritual.

154. ¿De qué depende este poder?
De su uso; el uso determina su existencia.

155. ¿Cómo podemos arrebatar nuestro destino de las manos del azar?
Sabiendo conscientemente las circunstancias que deseamos ver manifestadas en nuestras vidas.

156. ¿Cuál es, entonces, el gran negocio de la vida?
Pensar.

157. ¿Por qué?
Porque el pensamiento es espiritual y, por ende, es creador. Controlar conscientemente el pensamiento es, por lo tanto, controlar las circunstancias, las condiciones, el ambiente y el destino.

158. ¿Cuál es la fuente de todo mal?
El pensamiento destructivo.

159. ¿Cuál es la fuente de todo bien?
El pensamiento científico correcto.

160. ¿Qué es el pensamiento científico?
Un reconocimiento de la naturaleza creadora de la energía espiritual y nuestra capacidad de controlarla.

✖ *Capítulo diecisiete* ✖

El tipo de deidad que una persona adora, consciente o inconscientemente, indica su estado intelectual.

Pregúntale a un indio sobre Dios y te describirá a un poderoso cacique de una tribu gloriosa. Pregúntale a un pagano sobre Dios y te hablará de un dios del fuego, un dios del agua, un dios de esto y de aquello.

Pregúntale a un israelí sobre Dios y te hablará del Dios de Moisés, que consideró oportuno gobernar con medidas coactivas; de ahí los Diez Mandamientos. O Josué, que condujo a los israelitas a la batalla, confiscaba propiedades, mataba a los prisioneros y asolaba las ciudades.

Los llamados paganos hacían «ídolos» de sus dioses, a los que estaban acostumbrados a adorar, pero, al menos para los más inteligentes, esas imágenes eran tan sólo los fulcros con los que se podían concentrar mentalmente en las cualidades que deseaban exteriorizar en sus vidas.

Nosotros, en el siglo XX, en teoría adoramos a un Dios del Amor, pero en la práctica creamos para nosotros los mismos «ídolos» de la «Riqueza», el «Poder», la «Moda», las «Costumbres» y los «Convencionalismos». «Caemos de rodillas» ante ellos y los adoramos. Nos concentramos en ellos y, en consecuencia, se exteriorizan en nuestras vidas.

El estudiante que domine los contenidos del Capítulo Diecisiete no confundirá los símbolos con la realidad; se interesará por las causas, en lugar de interesarse por los efectos. Se concentrará en las realidades de la vida y no se decepcionará con los resultados.

Capítulo diecisiete

Se nos dice que el ser humano tiene «dominio sobre todas las cosas». Este dominio se establece a través de la Mente. El pensamiento es la actividad que controla todos los principios que gobierna. El principio más alto, por razón de su esencia y cualidades superiores, determina necesariamente las circunstancias, los aspectos y la relación de todo aquello con lo que entra en contacto.

Las vibraciones de las fuerzas mentales son las más puras y, en consecuencia, las mejores que existen. Para quienes perciben la naturaleza y la trascendencia de la fuerza mental, todo el poder físico se vuelve insignificante.

Estamos acostumbrados a ver el Universo con la lente de los cinco sentidos. A partir de esas experiencias se originan nuestros conceptos antropomórficos, pero los verdaderos conceptos sólo se obtienen con la percepción espiritual. Esta percepción requiere una aceleración de las vibraciones de la Mente, y sólo se consigue cuando la mente está continuamente concentrada en una dirección dada.

La concentración continua significa un fluir parejo, ininterrumpido, del pensamiento y es el resultado de la paciencia, la persistencia, la perseverancia y un sistema bien regulado.

Los grandes descubrimientos son el resultado de una investigación larga y continuada. La ciencia de las matemáticas requiere años de esfuerzo concentrado para dominarla, y la ciencia más grande (la de la Mente) se revela únicamente a través del esfuerzo concentrado.

Con mucha frecuencia, la concentración no se entiende correctamente. Parece haber una idea de esfuerzo o actividad asociada a ella, cuando lo que se necesita es exactamente lo contrario. La grandeza de un actor reside en el hecho de que se olvida de sí mismo al interpretar a su personaje, identificándose tanto con él que el público es arrastrado por el realismo de la actuación. Esto te dará una buena idea de la auténtica concentración: deberías estar tan interesado en tu pensamiento, tan absorto en tu tema, que no eres consciente de nada más. Una concentración así lleva a la percepción intuitiva y a la inmediata comprensión de la naturaleza de aquello en lo que uno se está concentrando.

Todo conocimiento es el resultado de este tipo de concentración. Es así como se han obtenido los secretos del Cielo y la Tierra; es así como la mente se convierte en un imán y el deseo de conocer trae el conocimiento, lo atrae irresistiblemente y lo hace tuyo.

El deseo es, en gran parte, inconsciente. El deseo consciente rara vez se da cuenta de su objeto cuando éste está fuera de su alcance inmediato. El deseo subconsciente despierta las facultades latentes de la mente y los problemas difíciles parecen resolverse solos.

Mediante la concentración, la mente subconsciente puede ser despertada, llevada a la acción en cualquier dirección y puesta a nuestro servicio para cualquier propósito. La práctica de la concentración requiere un control del ser físico, mental y psíquico; todas las modalidades de conciencia, ya sean físicas, mentales o psíquicas, deben estar bajo control.

La Verdad Espiritual es, por lo tanto, el factor controlador. Es lo que te permitirá superar el éxito limitado y llegar a un punto en el que eres capaz de convertir las modalidades de pensamiento en carácter y consciencia.

Concentración no significa meramente pensar, sino que es la transmutación de dichos pensamientos en valores prácticos. La persona corriente no tiene ni idea del significado de la palabra concentración. Siempre existe la petición de «tener», pero nunca la petición de «ser». La persona no llega a comprender que no puede tener una cosa sin la otra, que primero debe encontrar el «reino» para poder adquirir las «cosas añadidas». El entusiasmo momentáneo no posee ningún valor; sólo se alcanza el objetivo si se tiene una seguridad ilimitada en uno mismo.

Es posible que la mente coloque el ideal un poco demasiado alto y no llegue a lo establecido; es posible que intente elevarse con alas inexpertas y que, en lugar de volar, caiga a la Tierra; pero no es motivo para dejar de hacer otro intento.

La debilidad es la única barrera para el logro mental. Atribuye tu debilidad a limitaciones físicas o a incertidumbres mentales y vuelve a intentarlo. La facilidad y la perfección se consiguen con la repetición.

El astrónomo centra su mente en las estrellas y ellas le entregan sus secretos; el geólogo centra su mente en la formación de la tierra y tenemos la geología, y así ocurre con todas las cosas. Las personas centran sus mentes en los problemas de la vida y el resultado es evidente en el vasto y complejo orden del día social.

Todos los descubrimientos y logros mentales son el resultado de la suma de deseo y concentración. El deseo es la forma de acción más fuerte; cuanto más persistente sea el deseo, más imperiosa será la revelación. El deseo añadido a la concentración le arrancará cualquier secreto a la naturaleza.

Al realizar grandes pensamientos, al experimentar grandes emociones que se corresponden con grandes pensamientos, la mente está en un estado en el que aprecia el valor de las cosas más elevadas.

La intensidad de la concentración seria de un momento y el intenso anhelo de convertirte y alcanzar algo puede llevarte más lejos que varios años de esfuerzo normal, lento y forzado. Romperá los barrotes de la prisión de la incredulidad, la debilidad, la impotencia y el desprecio de ti mismo, y llegarás a tomar consciencia de la dicha de la superación.

El espíritu de iniciativa y originalidad se desarrolla mediante la perseverancia y la continuidad del esfuerzo mental. Los negocios nos enseñan el valor de la concentración y favorecen el carácter decidido; desarrollan la percepción práctica y la rapidez de conclusión. El elemento mental en toda actividad comercial es dominante como el factor de control, y el deseo es la fuerza predominante. Todas las relaciones comerciales son la exteriorización de un deseo.

Muchas de las virtudes sólidas y sustanciales se desarrollan en el trabajo comercial; la mente se estabiliza y es dirigida; se vuelve eficiente. La principal necesidad es la de fortalecer la mente para que se eleve por encima de las distracciones y los impulsos rebeldes de la vida instintiva. De este modo, uno supera con éxito el conflicto entre el «yo» superior y el inferior.

Todos nosotros somos dínamos, pero la dínamo por sí sola no es nada: la mente debe hacerla trabajar. Entonces se vuelve útil y su energía puede ser concentrada claramente.

La vibración es la acción del pensamiento, es la que busca y atrae el material necesario para construir y crear. No hay nada misterioso en el poder del pensamiento. La concentración simplemente implica que la consciencia puede ser focalizada hasta el punto en que se identifica con el objeto de su atención. Del mismo modo que la comida es absorbida por la esencia del cuerpo, también la mente absorbe al objeto de su atención, dándole vida y existencia.

Si te concentras en algún asunto importante, el poder intuitivo se pondrá en funcionamiento y te llegará ayuda en forma de información, lo cual te conducirá al éxito.

La intuición llega a conclusiones sin la ayuda de la experiencia o la memoria. A menudo, la intuición resuelve problemas que están fuera del alcance del poder de razonamiento. Con frecuencia, la intuición llega de una forma tan repentina que resulta asombroso, revelándonos la verdad que estamos buscando de una manera tan directa que parece venir de un poder superior. La intuición se puede cultivar y desarrollar, pero para hacerlo debemos reconocerla y apreciarla. Si le damos una bienvenida real al visitante intuitivo cuando llega, entonces volverá. Cuanto más cordial sea la bienvenida, más frecuentes serán sus visitas, pero si es ignorado o desatendido, sus visitas serán cada vez menos y espaciadas.

Normalmente, la intuición llega en el silencio. Las grandes mentes buscan la soledad con frecuencia, pues es ahí donde se solucionan los grandes problemas de la vida. Por este motivo, todas las personas que se dedican a los negocios que pueden permitirse un despacho privado donde nadie los molesta, lo tienen. Si no puedes permitirte un despacho privado, al menos debes encontrar algún lugar donde puedas estar a solas durante unos minutos todos los días, para entrenar el pensamiento en una dirección que te permita desarrollar ese poder invencible que es necesario alcanzar.

Recuerda que, fundamentalmente, el subconsciente es omnipotente; no hay límite a las cosas que se pueden hacer cuando se le da el poder de actuar. Tu grado de éxito está determinado por la naturaleza de tu deseo. Si la naturaleza de tu deseo está en armonía con la Ley Natural o la Mente Universal, gradualmente emancipará a la mente y te dará una valentía invencible.

Cada obstáculo conquistado, cada victoria ganada, te dará más fe en tu poder y tendrás una mayor capacidad para ganar. Tu fuerza está determinada por tu actitud mental. Si esta actitud es de éxito y la mantienes permanentemente con un propósito inquebrantable, atraerás hacia ti, desde el reino de lo invisible, las cosas que pides silenciosamente.

Al mantener el pensamiento en tu mente, éste irá adquiriendo gradualmente una forma tangible. Un fin claro pone en movimiento a las causas, las cuales salen al mundo invisible y encuentran el material necesario para servir a tu objetivo.

Es posible que estés buscando símbolos de poder, en lugar del poder en sí mismo. Es posible que estés buscando la fama en lugar del honor, posesiones caras en lugar de la riqueza, posición en lugar de servidumbre. En cualquier caso, descubrirás que se reducen a cenizas justo cuando las consigues.

La riqueza o posesión prematura no puede ser conservada porque uno no se la ha ganado. Sólo conseguimos lo que damos, y quienes intentan conseguir algo sin entregar nada a cambio siempre descubren que la ley de la compensación está produciendo implacablemente un equilibrio exacto.

Habitualmente, la carrera ha sido por el dinero y por otros meros símbolos de poder, pero con una comprensión de la verdadera fuente de poder podemos permitirnos ignorar los símbolos. La persona que tiene una gran cuenta bancaria considera innecesario llenarse los bolsillos de oro; lo mismo ocurre con la que ha hallado la verdadera fuente de poder: ya no está interesada en sus imposturas o pretensiones.

Normalmente, el pensamiento lleva hacia fuera, en direcciones evolutivas, pero puede ser conducido hacia dentro, donde captará los principios básicos de las cosas, el corazón de las cosas, el espíritu de las cosas. Cuando llegas al corazón de las cosas, es relativamente fácil comprenderlas y mandar sobre ellas.

Esto se debe a que el Espíritu de una cosa es la cosa en sí misma, la parte fundamental de ella, su verdadera sustancia. La forma es simplemente la manifestación externa de la actividad espiritual interior.

Para tu ejercicio de esta semana, concéntrate todo lo que puedas, siguiendo el método explicado en este capítulo. No permitas que haya ningún esfuerzo consciente o actividad asociada a tu finalidad. Relájate completamente, evita cualquier pensamiento de ansiedad relacionado con los resultados. Recuerda que el poder llega a través del reposo. Deja que el pensamiento se recree en tu objeto, hasta que se identifique totalmente con él, hasta que no seas consciente de nada más.

Si deseas eliminar el miedo, concéntrate en la valentía.

Si deseas eliminar la escasez, concéntrate en la abundancia.

Si deseas eliminar la enfermedad, concéntrate en la salud.

Concéntrate siempre en el ideal como si fuera una realidad ya existente: ésta es la célula germen, el principio de vida que sale adelante y pone en movimiento a esas causas que guían, dirigen y producen la necesaria relación, que acabará manifestándose en la forma.

Estudia las preguntas y sus respuestas

161. ¿Cuál es el verdadero método de concentración?
Identificarte tanto con el objeto de tu pensamiento que ya no seas consciente de nada más.

162. ¿ Cuál es el resultado de este método de concentración?
Se ponen en movimiento unas fuerzas invisibles que crean irresistiblemente circunstancias que se corresponden con tus pensamientos.

163. ¿Cuál es el factor de control en este método de pensamiento?
La Verdad Espiritual.

164. ¿Por qué?
Porque la naturaleza de nuestro deseo debe estar en armonía con la Ley Natural.

165. ¿Cuál es el valor práctico de este método de concentración?
El pensamiento se convierte en carácter, y el carácter es el imán que crea el entorno del individuo.

166. ¿Cuál es el factor de control en toda actividad comercial?
El elemento mental.

167. ¿Por qué?
Porque la Mente es la que gobierna y crea todas las formas y todos los acontecimientos que tienen lugar en la forma.

168. ¿Cómo funciona la concentración?
Mediante el desarrollo de los poderes de la percepción, la sabiduría, la intuición y la sagacidad.

169. ¿Por qué es la intuición superior a la razón?
Porque no depende de la experiencia ni de la memoria, y con frecuencia nos proporciona la solución a nuestros problemas a través de métodos que desconocemos del todo.

170. ¿Cuál es el resultado de perseguir el símbolo de la realidad?
Que a menudo se convierten en cenizas cuando los conseguimos, porque el símbolo es únicamente la forma exterior de la actividad espiritual interior. Por lo tanto, a menos que poseamos la realidad espiritual, la forma desaparece.

Capítulo dieciocho

Para poder crecer debemos obtener aquello que necesitamos para nuestro crecimiento. Esto nos llega por la ley de atracción. Este principio es el único medio por el cual el individuo se diferencia de lo Universal.

Piensa por un momento: ¿Qué sería un hombre si no fuera un marido, un padre o un hermano, si no estuviera interesado en el mundo social, económico, político o religioso? No sería nada más que un ego abstracto teórico. Por lo tanto, existe únicamente en su relación con el todo, en su relación con otras personas, en relación con su sociedad. Esta relación constituye su entorno y de ninguna otra manera.

Es evidente, por lo tanto, que el individuo es simplemente la diferenciación de la única Mente Universal «que ilumina a cada persona que llega al mundo» y su llamada individualidad o personalidad no consiste más que en la forma en que se relaciona con el todo.

A esto le llamamos su entorno y es producido por la ley de atracción. El capítulo, que viene a continuación, tiene más que decir sobre esta importante ley.

Capítulo dieciocho

Se está produciendo un cambio en el pensamiento mundial. Este cambio está teniendo lugar silenciosamente entre nosotros y es más importante que cualquier cambio que haya experimentado el mundo desde la caída del paganismo.

Esta revolución actual en las opiniones de las personas, de nivel más alto y más cultas así como de clase trabajadora, no tiene parangón en la historia del mundo.

Últimamente la ciencia ha hecho tantos descubrimientos, ha revelado una infinidad tan grande de recursos, ha descubierto unas posibilidades tan enormes y unas fuerzas tan insospechadas, que los científicos dudan cada vez más en afirmar ciertas teorías como algo establecido y fuera de duda, o en negar otras teorías por absurdas o imposibles.

Está naciendo una nueva civilización; costumbres, credos y precedentes están quedando atrás; la visión, la fe y el servicio están ocupando su lugar. Los grilletes de la tradición se están fundiendo en la humanidad y, mientras las impurezas del materialismo son consumidas, el pensamiento se está liberando y la verdad se está elevando, completamente vestida, ante una multitud pasmada.

El mundo entero está en la víspera de una nueva consciencia, un nuevo poder y una nueva realización dentro del ser.

La ciencia física ha resuelto la materia en moléculas, las moléculas en átomos y los átomos en energía. Ha sido J. A. Fleming quien, en un discurso ante la Royal Institution, ha resuelto esta energía en mente. Dice: «En su esencia fundamental, la energía puede ser incomprensible para nosotros, excepto como una exhibición del funcionamiento directo de eso que llamamos Mente o Voluntad».

Y esta mente es interior y fundamental. Es eminente y fundamental. Es el Espíritu sustentador, energizante, omnipresente del Universo.

Todo ser vivo debe ser sustentado por esta Inteligencia omnipotente, y descubrimos que la diferencia entre las vidas individuales se mide, en gran parte, por el grado que manifiestan de esta inteligencia. Una mayor inteligencia coloca al animal en una escala superior de la existencia que la planta, y al ser humano por encima del animal. Descubrimos que esta inteligencia creciente está indicada, una vez más, por el poder del individuo de controlar las formas de acción y, de ese modo, adaptarse conscientemente a su entorno.

Es esta adaptación la que ocupa la atención de las más grandes mentes, y no consiste más que en el reconocimiento de un orden existente en la mente universal, porque es bien sabido que la mente nos obedece exactamente en la medida en la que nosotros la obedecemos primero a ella.

Es el reconocimiento de las Leyes Naturales lo que nos ha permitido superar el tiempo y el espacio, elevarnos en los aires y hacer que el hierro flote. Cuanto mayor es el grado de inteligencia, mayor es nuestro reconocimiento de estas Leyes Naturales y mayor es el poder que podemos tener.

Es el reconocimiento del «yo» como una individualización de esta Inteligencia Universal lo que permite al individuo controlar aquellas formas de inteligencia que todavía no han alcanzado este nivel de autorreconocimiento; no saben que esta Inteligencia Universal está presente en todas las cosas listas para ser llamadas a la acción; no saben que ésta responde a todas las peticiones y que, por lo tanto, son esclavas de la ley de su propio ser.

El pensamiento es creador y el principio en el que se basa la ley es sólido, legítimo e inherente a la naturaleza de las cosas. Sin embargo, este poder creador no se origina en el individuo, sino en lo Universal, que es la fuente y la base de toda energía y sustancia. El individuo es, simplemente, el canal para la distribución de esta energía.

El individuo sólo es el medio por el cual lo Universal produce las diversas combinaciones, cuyo resultado es la formación de fenómenos, los cuales dependen de la ley de vibración, por la que varios grados de rapidez de movimiento en la sustancia original forman nuevas sustancias únicamente en ciertas proporciones numéricas exactas.

El pensamiento es el vínculo invisible por el cual lo individual entra en comunicación con lo Universal, lo finito con lo Infinito, lo visible con lo Invisible. El pensamiento es la magia con la que el ser humano se transforma en un ser que piensa, sabe, siente y actúa.

Del mismo modo que el aparato adecuado ha permitido que el ojo descubra innumerables mundos que están a millones de kilómetros de distancia, también el ser humano, con la comprensión adecuada, ha logrado comunicarse con la Mente Universal, la fuente de todo poder.

La Comprensión que normalmente se desarrolla no es más que una «creencia», lo cual no significa nada en absoluto. Los salvajes de las Antillas creen en algo, pero eso no demuestra nada.

La única creencia que tiene algún valor es aquella que ha sido puesta a prueba y ha demostrado ser una realidad; entonces deja de ser una creencia y se convierte en una Fe o una Verdad viva.

Y esta Verdad ha sido puesta a prueba por cientos de miles de personas y se ha descubierto que es la Verdad exactamente en proporción a la utilidad del aparato que fue utilizado.

Una persona no podría pretender localizar estrellas que están a cientos de millones de kilómetros de distancia si no contara con un telescopio suficientemente potente; por este motivo, la ciencia está continuamente dedicada a construir telescopios más grandes y más potentes, y es recompensada constantemente por más conocimientos sobre los cuerpos celestes.

De manera que, con el entendimiento, los seres humanos están progresando continuamente en los métodos que utilizan para establecer una comunicación con la Mente Universal y sus infinitas posibilidades.

La Mente Universal se manifiesta en lo objetivo, a través del principio de atracción que cada átomo tiene por todos los demás átomos, en grados infinitos de intensidad.

Es a través de este principio de unir y atraer que las cosas se llegan a juntar. Este principio tiene una aplicación universal y es el único medio por el cual el propósito de la existencia se cumple.

La expresión de crecimiento se realiza de una forma muy bella a través de este Principio Universal.

Para crecer debemos obtener lo que es esencial para nuestro crecimiento pero, puesto que en todo momento somos una entidad de pensamiento completa, esta cualidad hace posible que recibamos únicamente en la medida en que damos. Por lo tanto, el crecimiento está condicionado por la acción recíproca. Descubrimos que en el plano mental los iguales se atraen, que las vibraciones mentales responden sólo en la medida de su armonía vibratoria.

Queda claro, por lo tanto, que los pensamientos de abundancia responderán únicamente a pensamientos similares. Se puede ver que la riqueza de la persona es lo que ésta es inherentemente. La prosperidad interior es el secreto de la atracción de la prosperidad exterior. La capacidad de producir es la verdadera fuente de riqueza en la persona. Es por este motivo que quien pone el corazón en su trabajo sin duda encontrará un éxito ilimitado. Dará y dará continuamente, y cuanto más dé, más recibirá.

¿Qué aportan los grandes financieros de Wall Street, los grandes industriales, los estadistas, los grandes abogados de empresas, los inventores, los médicos, los escritores, a la suma de felicidad humana, si no es el poder de su pensamiento?

El pensamiento es la energía con la que la ley de atracción se pone en funcionamiento y que se acaba manifestando en la abundancia.

La Mente Universal es la Mente o Sustancia estática en equilibrio. Se diferencia tomando forma por nuestro poder de pensar. El pensamiento es la fase dinámica de la mente.

El poder depende de la consciencia del poder. Si no lo usamos, lo perderemos, y si no somos conscientes de él, no podemos usarlo.

El uso de este poder depende de la atención. El grado de atención determina nuestra capacidad para adquirir el conocimiento, que es otra manera de llamar al poder.

Se ha dicho que la atención es la marca distintiva del genio. El cultivo de la atención depende de la práctica.

El incentivo de la atención es el interés. Cuanto mayor es el interés, mayor es la atención; cuanto mayor es la atención, mayores son el interés, la acción y la reacción. Empieza por prestar atención; al poco rato habrás despertado el interés. Ese interés atraerá más atención y esa atención producirá más interés, y así sucesivamente. Esta práctica te permitirá cultivar el poder de la atención.

Esta vez, concéntrate en tu poder para crear. Busca la comprensión, la percepción; intenta encontrar una base lógica para la fe que está en ti. Deja que el pensamiento se recree en el hecho de que el ser humano físico vive, se mueve y tiene su existencia en el aire que sustenta a toda la vida, y que debe respirar para vivir. A continuación, deja que el pensamiento se pose en el hecho de que el ser humano espiritual también vive, se mueve y tiene su existencia en una energía más sutil, de la que depende para la vida y en que, del mismo modo que en el mundo físico ninguna vida toma forma hasta que se planta una semilla, y no se puede producir ningún fruto superior al de la planta madre. De manara que los resultados que consigas dependerán de tu percepción de la ley en los poderosos dominios de la causalidad, la más alta evolución de la consciencia humana.

Estudia las preguntas y sus respuestas

171. ¿Cómo se mide la diferencia entre las vidas individuales?
Por el grado de inteligencia que manifiestan.

172. ¿Cuál es la ley por la cual el individuo puede controlar otras formas de inteligencia?
El reconocimiento del «yo» como una individualización de la Inteligencia Universal.

173. ¿Dónde se origina el poder creador?
En lo Universal.

174. ¿Cómo crea el Universo la forma?
Por medio del individuo.

175. ¿Cuál es el vínculo de conexión entre el individuo y lo Universal?
El pensamiento.

176. ¿Cuál es el principio por el cual se logran los medios de la existencia?
La ley del amor.

177. ¿Cómo llega este principio a su expresión?
Por la ley del crecimiento.

178. ¿De qué condición depende la ley del crecimiento?
De la acción recíproca. La persona está completa en todo momento y esto hace posible que reciba sólo en la medida en que da.

179. ¿Qué es lo que damos?
Pensamiento.

180. ¿Qué recibimos?
Pensamiento, que es sustancia en equilibrio y que está siendo diferenciado continuamente en la forma por lo que pensamos.

✖ *Capítulo diecinueve* ✖

El miedo es una poderosa forma de pensamiento. Paraliza los centros nerviosos, afectando así a la circulación de la sangre.

Esto, a su vez, paraliza al sistema muscular, de manera que el miedo afecta a todo el ser, al cuerpo, el cerebro y los nervios físicos, mentales y musculares.

Ciertamente, la manera de superar el miedo es siendo consciente del poder. ¿Qué es esa misteriosa fuerza vital a la que llamamos poder? No lo sabemos, pero, para tal caso, tampoco sabemos qué es la electricidad.

Pero sabemos que si nos ajustamos a los requerimientos de la ley que gobierna a la electricidad, ésta será nuestra obediente sirvienta; que iluminará nuestros hogares, nuestras ciudades, hará funcionar nuestra maquinaria y nos servirá de muchas formas útiles.

Lo mismo ocurre con la fuerza vital. Aunque no sabemos lo que es, y posiblemente nunca lo sepamos, sabemos que es una fuerza primordial que se manifiesta a través de los cuerpos vivos, y que si cumplimos las leyes y los principios que la gobiernan podemos abrirnos a una entrada más abundante de esa energía vital y, así, expresar el grado más alto posible de eficacia mental, moral y espiritual.

Este capítulo habla de una forma muy sencilla de desarrollar esta fuerza vital. Si pones en práctica la información esbozada en esta lección, pronto desarrollarás un sentido del poder que ha sido siempre la marca distintiva del genio.

Capítulo diecinueve

La búsqueda de la verdad ya no es una aventura peligrosa, sino que es un proceso sistemático, y su funcionamiento es lógico. Todos los tipos de experiencias encuentran expresión al dar forma a su resolución.

Al buscar la verdad estamos buscando una causa fundamental. Sabemos que toda experiencia humana es un efecto; entonces, si podemos averiguar la causa y descubrimos que podemos controlarla conscientemente, el efecto o la experiencia estará también bajo nuestro control.

Entonces, la experiencia humana ya no será un balón del destino; el ser humano no será el hijo de la fortuna, sino el destino. El destino y la fortuna serán controlados con la misma facilidad con que un capitán controla su barco, o un maquinista su tren.

Finalmente, todas las cosas pueden resolverse en el mismo elemento y, puesto que se pueden convertir unas en otras, deben estar siempre en relación y nunca pueden oponerse unas a otras.

En el mundo físico, hay innumerables contrastes y, por conveniencia, se les puede designar con nombres distintivos. Todas las cosas tienen tamaños, colores, tonos o extremos. Hay un Polo Norte y un Polo Sur, un interior y un exterior, un visible y un invisible, pero estas expresiones sirven meramente para colocar extremos en contraste.

Son nombres dados a dos partes distintas de una cantidad. Los dos extremos son relativos, no son entidades separadas, sino que son dos partes o aspectos de un todo.

En el mundo mental encontramos la misma ley. Hablamos de conocimiento e ignorancia, pero la ignorancia no es más que la falta de conocimiento y, por lo tanto, resulta ser simplemente una palabra para expresar esa ausencia de conocimiento. No tiene ningún principio en sí misma.

En el Mundo Moral, volvemos a encontrar la misma ley. Hablamos del bien y el mal, pero el Bien es una realidad, algo tangible, mientras que el Mal resulta ser simplemente un estado negativo: la ausencia del Bien. A veces se piensa que el Mal es un estado muy real, pero no tiene ningún principio, ninguna vitalidad, ninguna vida. Sabemos esto porque siempre puede ser destruido por el Bien. Del mismo modo que la Verdad destruye el Error y la luz destruye la oscuridad, así también el Mal se desvanece cuando aparece el Bien. Por lo tanto, sólo hay un principio en el Mundo Moral.

Encontramos que exactamente la misma ley existe en el Mundo Espiritual. Hablamos de Mente y Materia como si fueran dos entidades separadas, pero una percepción más clara hace que sea evidente que sólo hay un principio operativo, y es la Mente.

La mente es lo real y lo eterno. La Materia siempre está cambiando. Sabemos que en los eones del tiempo, cien años son sólo como un día. Si nos encontramos en cualquier ciudad grande y dejamos que la vista se pose en los innumerables edificios grandes y magníficos, en la enorme variedad de comodidades de la civilización moderna, es posible que recordemos que ninguno de ellos estaba ahí hace poco más de un siglo, y si pudiéramos colocarnos en el mismo lugar dentro de cien años, muy probablemente encontraríamos que sólo quedan unos pocos.

En el reino animal encontramos la misma ley de cambio. Millones y millones de animales van y vienen, y unos pocos años constituyen la duración de su vida. Muchas plantas y prácticamente todos los pastos van y vienen en un solo año. Cuando pasamos a lo inorgánico esperamos encontrar algo más sustancial, pero al observar el continente aparentemente sólido se nos dice que surgió del océano. Vemos una montaña y nos dicen que el lugar que ahora ocupa fue antes un lago, y al contemplar maravillados los grandes precipicios del Valle de Yosemite podemos seguir fácilmente la pista del camino de los glaciares que lo sostuvieron todo antes que ellos.

Estamos en presencia de un cambio continuo y sabemos que este cambio no es más que la evolución de la Mente Universal, el magnífico proceso por el cual todas las cosas están siendo creadas de nuevo continuamente. Ahora sabemos que la materia no es más que una forma que adopta la Mente y, por lo tanto, es simplemente un estado. La Materia no tiene ningún principio; la Mente es el único principio.

Más tarde hemos sabido que la Mente es el único principio que está operativo en el mundo físico, mental, moral y espiritual.

También sabemos que esta mente es estática, una mente en reposo. Conocemos, además, que la capacidad de pensar del individuo es su capacidad de tener un efecto en la Mente Universal y convertirla en una mente dinámica, o mente en movimiento.

Para ello, se debe aplicar combustible en forma de alimentos, porque el ser humano no puede pensar si no se alimenta. De manera que descubrimos que incluso una actividad espiritual como pensar no puede ser convertida en fuente de placer y beneficios si no es haciendo uso de medios materiales.

Se requiere algún tipo de energía para reunir electricidad y convertirla en un poder dinámico, se necesitan rayos de sol para proporcionar la energía necesaria para sustentar la vida vegetal, y también se necesita energía en forma de alimentos para que la persona pueda pensar y de ese modo tener un efecto en la Mente Universal.

Puedes saber que el pensamiento está tomando forma constantemente, eternamente, que está buscando expresarse siempre, o quizá lo ignores, pero la realidad sigue siendo que si tus pensamientos son poderosos, constructivos y positivos, esto se verá claramente en tu estado de salud, tus negocios y tu entorno. Si, por lo general, tus pensamientos son de debilidad, o críticos, destructivos y negativos, se manifestarán en tu cuerpo en forma de miedo, preocupación y nerviosismo, en tus finanzas como escasez y limitación, y en tu entorno como circunstancias discordantes.

Toda salud es el resultado del poder. Las posesiones tienen valor únicamente cuando confieren poder. Los acontecimientos son significativos únicamente cuando afectan al poder. Todas las cosas representan ciertas formas y grados de poder.

El conocimiento de causa y efecto tal como los muestran las leyes que gobiernan el vapor, la electricidad, la afinidad química y la gravedad permiten a la persona planificar con valentía y ejecutar sin miedo. Estas leyes han sido llamadas Leyes Naturales porque gobiernan al mundo físico, pero no todo poder es poder físico; también existe el poder mental, el poder moral y poder espiritual.

¿Qué son nuestras escuelas, nuestras universidades, si no centrales de poder, lugares donde se desarrolla el poder mental?

Del mismo modo que hay muchas centrales eléctricas poderosas para la aplicación de electricidad a la maquinaria pesada, en la cual se recoge la materia prima y es convertida en artículos de primera necesidad y comodidades para la vida, también los centros de poder recogen la materia prima, la cultivan y la desarrollan transformándola en un poder que es infinitamente superior a todas las fuerzas de la naturaleza, por muy maravillosas que éstas sean.

¿Cuál es la materia prima que se está recogiendo en estos miles de centros mentales de poder por el mundo entero y se está desarrollando para ser transformada en un poder que, evidentemente, está controlando a todos los demás poderes? En su forma estática es la Mente y en su forma dinámica es el Pensamiento.

Este poder es superior porque existe en un plano superior, porque le ha permitido al hombre descubrir la ley por la cual estas maravillosas fuerzas de la Naturaleza pueden ser aprovechadas y obligadas a realizar el trabajo de miles de personas. Ha permitido al hombre descubrir leyes con las cuales el tiempo y el espacio han sido dominados y la ley de gravedad ha sido vencida.

El pensamiento es la fuerza o energía vital que está siendo desarrollada y que ha producido unos resultados tan asombrosos en la última mitad del siglo como para producir un mundo que sería absolutamente inconcebible para alguien que hubiera vivido hace sólo cincuenta o veinticinco años. Si organizando estas centrales de poder mentales se han conseguido estos resultados en cincuenta años, ¿qué no se podría esperar dentro de otros cincuenta años?

La sustancia a partir de la cual se crean todas las cosas es infinita. Sabemos que la luz viaja a una velocidad de 300.000 kilómetros por segundo, y sabemos que hay estrellas tan remotas que su luz tarda 2.000 años en llegar hasta nosotros, y sabemos que hay estrellas por todo el firmamento. Sabemos, también, que esta luz llega en forma de ondas, de manera que si el éter en el que estas ondas viajan no fuera continuo, la luz no llegaría hasta nosotros. Por lo tanto, sólo podemos llegar a la conclusión de que esta sustancia, o éter, o materia prima, está presente universalmente.

¿Cómo se manifiesta, entonces, en la forma? En la ciencia eléctrica, una batería funciona conectando los polos opuestos de zinc y cobre, lo cual hace que la corriente fluya de un extremo al otro y, de ese modo, nos proporcione energía. Éste mismo proceso se repite con respecto a todas las polaridades y, puesto que toda forma depende simplemente de la velocidad de la vibración y las consecuentes relaciones de los átomos entre ellos, si deseamos cambiar la forma de la manifestación debemos cambiar la polaridad. Éste es el principio de causalidad.

Para tu ejercicio de esta semana, concéntrate, y cuando digo «concéntrate» me refiero a todo lo que ella implica: quédate tan absorto en el objeto de tu pensamiento que ya no seas consciente de nada más; repite este ejercicio todos los días, durante unos minutos. Si te tomas el tiempo necesario para comer para que tu cuerpo esté alimentado, ¿por qué no tomarte el tiempo necesario para asimilar tu alimento mental?

Deja que el pensamiento se pose en el hecho de que las apariencias engañan. La Tierra no es plana, ni es estacionaria; el cielo no es una cúpula, el Sol no se mueve, las estrellas no son pequeñas partículas de luz, y la materia, que antes se suponía que era fija, se ha descubierto que está en un estado de perpetuo fluir.

Intenta darte cuenta de que se acerca el día en que las formas de pensar y de actuar deben ajustarse al creciente conocimiento de cómo funcionan los principios eternos.

Estudia las preguntas y sus respuestas

181. ¿Cómo se colocan en contraste los extremos?
     Están diseñados por nombres distintivos como dentro y fuera, arriba y abajo, luz y oscuridad, bueno y malo.

182. ¿Son entidades separadas?

No, son partes o aspectos de un Todo.

183. ¿Cuál es el único Principio creador en el mundo físico, mental y espiritual?

La Mente Universal o la Energía Eterna de la que proceden todas las cosas.

184. ¿Cómo nos relacionamos con este Principio creador?

Mediante nuestra capacidad de pensar.

185. ¿Cómo se pone en funcionamiento este Principio?

El pensamiento es la semilla, la cual origina la acción, que a su vez deriva en la forma.

186. ¿De qué depende la forma?

De la velocidad de la vibración.

187. ¿Cómo se puede cambiar la velocidad de la vibración?

Mediante la acción mental.

188. ¿De qué depende la acción mental?

De la polaridad, la acción y reacción, entre el individuo y lo Universal.

189. ¿La energía creadora se origina en el individuo o en lo Universal?

En lo Universal, pero lo Universal puede manifestarse únicamente a través del individuo.

190. ¿Por qué es necesario el individuo?

Porque lo Universal es estático y necesita energía para ponerse en movimiento. Ésta es suministrada por los alimentos, que se convierten en energía, la cual, a su vez, permite que el individuo piense. Cuando la persona deja de comer, deja de pensar.

Entonces ya no tiene influencia sobre lo Universal. En conse-cuencia, ya no hay ninguna acción o reacción; lo Universal es sólo pura mente en forma estática, mente en reposo.

✖ Capítulo veinte ✖

Durante muchos años, ha habido una discusión interminable acerca del origen del mal. Los teólogos nos han dicho que Dios es Amor y también Omnipresente. Si esto es cierto, no hay ningún lugar en el que Dios no esté. ¿Dónde están, entonces, el Mal, Satanás y el Infierno?

Veamos:

Dios es Espíritu.

El Espíritu es el Principio Creador del Universo.

El hombre está hecho a imagen y semejanza de Dios.

Por lo tanto, el hombre es un ser espiritual.

La única actividad que posee el espíritu es el poder de pensar.

Pensar es, por lo tanto, un proceso creativo.

Todas las formas son, por ende, el resultado del proceso de pensar.

La destrucción de la forma debe ser, también, un resultado del proceso de pensar.

Las representaciones ficticias de la forma son el resultado del poder creador del pensamiento, como en el caso del Hipnotismo.

La representación aparente de la forma es el resultado del poder creador del pensamiento, como en el caso del Espiritismo.

La invención, la organización y el trabajo constructivo de todo tipo son el resultado del poder creador del pensamiento, como en la concentración.

Cuando el poder creador del pensamiento se manifiesta para el beneficio de la humanidad, decimos que el resultado es bueno.

Cuando el poder creador del pensamiento se manifiesta de una forma destructiva o malvada, decimos que el resultado es malo.

Esto indica el origen tanto del bien como del mal. Simplemente son palabras que han sido acuñadas para indicar la naturaleza del resultado del proceso de pensar o el proceso creativo. El pensamiento precede, necesariamente, a la acción y la predetermina; la acción precede al estado y lo predetermina.

El siguiente capítulo arrojará más luz sobre este importante tema.

Capítulo veinte

El espíritu de una cosa es esa cosa; es necesariamente fijo, invariable y eterno. El espíritu eres tú: tú, sin el espíritu, no serías nada. El espíritu deviene activo por tu reconocimiento de él y de sus posibilidades.

Puedes tener toda la riqueza del mundo, pero, a menos que la reconozcas y hagas uso de ella, no tendrá ningún valor. Lo mismo ocurre con tu riqueza espiritual: a menos que la reconozcas y la uses, no tendrá ningún valor. La única condición del poder espiritual es el uso o el reconocimiento.

Todas las grandes cosas llegan a través del reconocimiento. El cetro del poder es la consciencia, y el pensamiento es su mensajero. Este mensajero está moldeando constantemente realidades del mundo invisible en las circunstancias y los ambientes de tu mundo objetivo.

Pensar es el verdadero asunto de la vida; el poder es el resultado. En todo momento estás relacionándote con el poder mágico del pensamiento y la consciencia. ¿Qué resultados puedes esperar si continúas siendo inconsciente del poder que ha sido colocado bajo tu control?

Si sigues así, te limitas a las circunstancias superficiales y te conviertes en la bestia de carga de las personas que piensan, que reconocen su poder, que saben que, a menos que estés dispuesto a pensar, tendrás que trabajar y que cuanto menos pensemos más tendremos que trabajar y menos obtendremos de ese trabajo.

El secreto del poder es una comprensión perfecta de los principios, las fuerzas, los métodos y las combinaciones de la Mente, y una perfecta comprensión de nuestra relación con la Mente Universal. Es bueno recordar que este principio es invariable; si lo fuera, no sería fiable. Todos los principios son invariables.

Esta estabilidad es tu oportunidad. Tú eres su atributo activo, el canal para su actividad. Lo Universal sólo puede actuar a través del individuo.

Cuando empiezas a percibir que la esencia de lo Universal está dentro de ti (eres tú), comienzas a hacer cosas; empiezas a sentir tu poder. Éste es el combustible que enciende tu imaginación, que enciende las antorchas de la inspiración, que da vitalidad al pensamiento, que te permite conectar con todas las fuerzas invisibles del Universo. Es el poder que te permitirá planificar sin miedo, ejecutar con maestría.

Pero la percepción llegará únicamente en el silencio. Ésta parece ser la condición requerida para todos los grandes propósitos. Eres una entidad visualizadora. La imaginación es tu taller. Es ahí donde debes visualizar tu ideal.

Puesto que una comprensión perfecta de la naturaleza de este poder es una condición primordial para su manifestación, visualiza todo el método una y otra vez, para que puedas usarlo cuandoquiera que la ocasión lo solicite. La infinidad de sabiduría es seguir el método con el cual podemos tener la inspiración de la omnipotente Mente Universal a merced en cualquier momento.

Es posible que no reconozcamos este mundo interior y, por ende, lo excluyamos de nuestra consciencia, pero seguirá siendo la realidad básica de toda la existencia, y cuando aprendamos a reconocerlo, no sólo en nosotros mismos, sino también en todas las personas, todos los acontecimientos, las cosas y las circunstancias, habremos encontrado el «Reino de los Cielos» que, según dicen, está «dentro» de nosotros.

Nuestros fracasos son el resultado del funcionamiento de exactamente el mismo principio. Este principio es invariable, su funcionamiento es exacto, no hay ninguna desviación. Si pensamos en la carencia, la limitación y la discordia, encontraremos sus frutos en cada mano; si pensamos en la pobreza, la infelicidad o la enfermedad, los mensajeros del pensamiento llevarán los requerimientos con la misma rapidez que cualquier otro tipo de pensamiento, y el resultado estará igualmente garantizado. Si tememos una calamidad inminente, debemos ser capaces de decir con Job: «Aquello que temía me ha sobrevenido»; si pensamos de una forma poco amable o ignorante, atraeremos hacia nosotros los resultados de nuestra ignorancia.

Este poder del pensamiento, si se comprende y se utiliza correctamente, es el mayor instrumento para ahorrarnos trabajo, con el que jamás habíamos soñado, pero si no se comprende o se utiliza incorrectamente, con toda probabilidad dará unos resultados desastrosos, como ya hemos visto. Con la ayuda de este poder puedes realizar con confianza cosas aparentemente imposibles, porque este poder es el secreto de toda inspiración, de todo genio.

Sentirte inspirado significa salir del camino trillado, salir de la rutina, porque los resultados extraordinarios requieren de medios extraordinarios. Cuando reconocemos la Unidad de todas las cosas y que la fuente de todo poder está en nuestro interior, accedemos a la fuente de inspiración.

La inspiración es el arte de embeber, el arte de la autorrealización, el arte de ajustar la mente individual a la Mente Universal, el arte de adherir el mecanismo adecuado a la fuente de todo poder, el arte de diferenciar lo informe llevándolo a la forma, el arte de convertirnos en un canal para el fluir de la Sabiduría Infinita, el arte de visualizar la perfección, el arte de ser conscientes de la omnipresencia de la Omnipotencia.

La comprensión y la apreciación del hecho de que el poder infinito es omnipresente y, por lo tanto, está en lo infinitamente pequeño y en lo infinitamente grande, nos permitirá absorber su esencia. La comprensión adicional del hecho de que este poder es espíritu y, por lo tanto, es indivisible, nos permitirá apreciar su presencia en todos los puntos al mismo tiempo.

La comprensión de estos hechos, primero intelectualmente y luego emocionalmente, nos permitirá beber intensamente de este océano de poder infinito. La comprensión intelectual no será de ninguna ayuda; las emociones deben ser puestas en funcionamiento; el pensamiento sin sentimiento es frío. La combinación requerida es la de pensamiento y sentimiento.

La inspiración viene del interior. El silencio es necesario; los sentidos deben aquietarse, los músculos relajarse, el reposo cultivarse. Cuando consigas tener una sensación de aplomo y de poder estarás preparado para recibir la información, la inspiración o la sabiduría que pueden ser necesarias para el desarrollo de tu propósito.

No confundas estos métodos con los del clarividente; no tienen nada en común. La inspiración es el arte de recibir y contribuye a todo lo mejor de la vida. Lo que te corresponde en la vida es comprender y ordenar estas fuerzas invisibles en lugar de dejar que sean ellas las que te den órdenes y te gobiernen. El poder implica servicio; la inspiración implica poder. Comprender y aplicar el método de inspiración es convertirte en un superhombre o una supermujer.

Podemos vivir con más abundancia cada vez que respiramos, si respiramos conscientemente con esa intención. El «SI» es una condición muy importante en este caso, ya que la intención gobierna a la atención, y sin esta última sólo puedes obtener los resultados que consiguen todos los demás. Es decir, una provisión equivalente a la demanda.

Para conseguir una mayor provisión, tu demanda debe aumentar, y cuando aumentes conscientemente la demanda, la provisión vendrá a continuación. Descubrirás que te encuentras con una provisión cada vez más grande de vida, energía y vitalidad.

El motivo no es difícil de entender, pero es otro de los misterios fundamentales de la vida que, por lo general, no parece ser apreciado. Si lo haces tuyo, descubrirás que es una de las grandes realidades de la vida.

Nos dicen: «En Él vivimos, nos movemos y tenemos existencia» y nos dicen que «Él» es un Espíritu y, una vez más, que «Él» es Amor, de modo que cada vez que respiramos, respiramos esta vida, este amor y este espíritu. Se la conoce como Energía Pránica, o Éter Pránico, y no podríamos existir ni un minuto sin ella. Es la Energía Cósmica, es la Vida del plexo solar.

Cada vez que respiramos, llenamos nuestros pulmones de aire y, al mismo tiempo, vitalizamos nuestro cuerpo con este Éter Pránico que es la Vida misma, de modo que tenemos la oportunidad de establecer una conexión consciente con Toda Vida, Toda Inteligencia y Toda Sustancia.

Un conocimiento de tu relación y tu unidad con este Principio que gobierna el Universo y del sencillo método mediante el cual puedes identificarte conscientemente con él, te proporciona una comprensión científica de una ley por la cual puedes liberarte de la enfermedad, de todo tipo de escasez o limitación. De hecho, te permite respirar el «aliento de la vida» a través de tus propios orificios nasales.

Este «aliento de la vida» es una realidad superconsciente. Es la esencia del «Yo soy». Es el «Ser» puro, o Sustancia Universal, y nuestra unidad consciente con él nos permite localizarlo y, de ese modo, ejercer los poderes de esta energía creadora.

El pensamiento es vibración creadora y la cualidad de las circunstancias creadas dependerá de la cualidad de nuestros pensamientos, porque no podemos expresar poderes que no poseemos. Debemos «ser» para poder «hacer», y sólo podemos «hacer» en la medida en que «somos». De manera que lo que hagamos coincidirá necesariamente con lo que «somos», y lo que somos depende de lo que «pensamos».

Cada vez que piensas, pones en marcha un tren de causalidad que creará una circunstancia en estricto acuerdo con la cualidad del pensamiento que la originó. El pensamiento que está en armonía con la Mente Universal dará como resultado las circunstancias correspondientes. El pensamiento que es destructivo o discordante producirá los resultados correspondientes. Puedes usar el pensamiento de una forma constructiva o destructiva, pero la ley inmutable no te permitirá plantar un pensamiento de un tipo y cosechar un fruto de otro. Eres libre para usar este maravilloso poder creador como tú desees, pero debes asumir las consecuencias.

Éste es el peligro de la llamada Fuerza de Voluntad. Hay quienes parecen creer que mediante la fuerza de voluntad pueden coaccionar a esta ley, que pueden sembrar un tipo de semilla y, mediante la «Fuerza de Voluntad», hacer que crezca un fruto distinto. Pero el principio fundamental del poder creador está en lo Universal y, por lo tanto, la idea de forzar una obediencia a nuestros deseos mediante el poder de la voluntad individual es un concepto invertido que puede parecer que tiene éxito durante un tiempo, pero que, a la larga, está condenado al fracaso porque se opone a ese mismo poder que está intentando usar.

Es el individuo intentando coaccionar a lo Universal, lo finito en conflicto con lo Infinito. Nuestro bienestar permanente se conservará mejor mediante una cooperación consciente con el movimiento continuo hacia delante del Gran Todo.

Para tu ejercicio de esta semana, entra en el silencio y concéntrate en el hecho de que la frase «En Él vivimos, nos movemos y tenemos existencia», ¡es científicamente exacta! En que ERES porque Él ES y en que si Él es Omnipresente, entonces Él debe de estar en ti. En que si Él es todo y está en todo, ¡entonces tú debes de estar en Él! En que Él es Espíritu y tú estás hecho «a Su imagen y semejanza» y que la única diferencia entre Su espíritu y el tuyo es una diferencia de grado; que una parte debe ser igual en clase y cualidad que el todo. Cuando seas capaz de darte cuenta de esto claramente, habrás encontrado el secreto del poder creador del pensamiento, habrás dado con el origen del bien y del mal, habrás hallado el secreto del maravilloso poder de la concentración, habrás encontrado la clave de la solución a todo problema, ya sea físico, económico o ambiental.

Estudia las preguntas y sus respuestas

191. ¿De qué condiciones depende el poder?
De su reconocimiento y su uso.

192. ¿Qué es el reconocimiento?
Consciencia.

193. ¿Cómo tomamos consciencia del poder?
Pensando.

194. ¿Cuál es, entonces, la verdadera ocupación en la vida?
El pensamiento científico correcto.

195. ¿Qué es el pensamiento científico correcto?
La capacidad de ajustar nuestros procesos de pensamiento a la voluntad de lo Universal. En otras palabras: cooperar con las Leyes Naturales.

196. ¿Cómo se consigue esto?
Logrando una comprensión perfecta de los principios, fuerzas, métodos y combinaciones de la mente.

197. ¿Qué es esta Mente Universal?
La realidad básica de toda existencia.

198. ¿Cuál es la causa de toda carencia, limitación, enfermedad y discordia?
Esto se debe al funcionamiento de la misma ley, aquella que funciona implacablemente y produce continuamente circunstancias que se corresponden con el pensamiento que las originó o las creó.

199. ¿Qué es la inspiración?
El arte de tomar consciencia de la omnipresencia de la Omnisciencia.

200. ¿De qué dependen las circunstancias que nos encontramos?
De la cualidad de nuestros pensamientos. Porque lo que hacemos depende de lo que somos y lo que somos depende de lo que pensamos.

❧ *Capítulo veintiuno* ❧

Tengo el privilegio de presentar el Capítulo Veintiuno. En el séptimo párrafo descubrirás que uno de los secretos del éxito, uno de los métodos para organizar la victoria, uno de los logros de la Mente Maestra es tener grandes pensamientos.

En el octavo párrafo descubrirás que todo lo que guardamos en nuestra consciencia durante cualquier lapso de tiempo se queda grabado en nuestro subconsciente y, de ese modo, se convierte en una pauta que la energía creadora llevará a nuestra vida y nuestro entorno. Éste es el secreto del maravilloso poder de la oración.

Sabemos que el universo está gobernado por unas leyes; que para cada efecto debe haber una causa, y que la misma causa, bajo las mismas condiciones, producirá invariablemente el mismo efecto.

En consecuencia, si la oración ha sido respondida alguna vez, lo seguirá siendo si se dan las condiciones adecuadas. Esto debe ser necesariamente cierto; de lo contrario, el universo sería un caos, en lugar de ser un cosmos. La respuesta a la oración, por lo tanto, está sujeta a la ley, y esa ley es clara, exacta y científica, al igual que las leyes que gobiernan la gravedad y la electricidad. Una comprensión de esta ley saca la base del cristianismo del ámbito de la superstición y la credulidad y la coloca sobre la roca firme del entendimiento científico.

Pero, por desgracia, hay relativamente pocas personas que saben cómo rezar.

Ellas entienden que hay leyes que gobiernan la electricidad, las matemáticas y la química, pero, por alguna razón inexplicable, nunca parece ocurrírseles que también hay leyes espirituales, y que esas leyes también son claras, científicas y exactas, y funcionan con una precisión inmutable.

Capítulo veintiuno

El verdadero secreto del poder es la consciencia del poder. La Mente Universal es incondicional y, por lo tanto, cuanto más conscientes somos de nuestra unidad con ella, menos conscientes seremos de las condiciones y las limitaciones. Al emanciparnos o liberarnos de las condiciones, empezamos a ser conscientes de lo incondicional: ¡Nos hemos liberado!

En cuanto tomamos consciencia del poder inagotable que hay en el mundo interior, empezamos a recurrir a él y a aplicar y desarrollar las más grandes posibilidades que este discernimiento ha realizado, porque cualquier cosa de la que tomamos consciencia se manifiesta invariablemente en el mundo objetivo, pasa a la expresión tangible.

Esto se debe a que la Mente Infinita, que es la fuente de la que proceden todas las cosas, es una e indivisible, y cada persona es un canal por el que esta Energía Eterna se manifiesta. Nuestra capacidad de pensar es nuestra capacidad de tener un efecto en esta Sustancia Universal, y lo que pensamos es lo que se crea o se produce en el mundo objetivo.

El resultado de este descubrimiento es, como mínimo, maravilloso, y significa que la mente es extraordinaria en cualidad, ilimitada en cantidad y contiene innumerables posibilidades. Tomar consciencia de este poder es convertirte en un «cable vivo»; tiene el mismo efecto que colocar un cable corriente en contacto con un cable que está cargado. Lo Universal es un cable vivo. Lleva la energía suficiente para enfrentarse a cada situación que pueda surgir en la vida de cada persona. Cuando la mente individual toca a la Mente Universal, recibe todo el poder que necesita. Éste es el mundo interior. Toda la ciencia reconoce la realidad de este mundo, y todo el poder depende de nuestro reconocimiento de él.

La capacidad de eliminar circunstancias imperfectas depende de la acción mental, que a su vez depende de la consciencia de poder. Por lo tanto, cuanto más conscientes somos de nuestra unidad con la fuente de todo poder, mayor será nuestro poder para controlar y dominar todas las circunstancias.

Las grandes ideas tienden a eliminar a las ideas más pequeñas, de modo que está bien albergar ideas lo bastante grandes como para contrarrestar y destruir todas las tendencias pequeñas o indeseables. Esto retirará de tu camino innumerables obstáculos insignificantes y molestos. Además, serás consciente de un mundo más amplio de pensamientos, con lo que aumentarás tu capacidad mental y te colocarás en posición de lograr algo de valor.

Éste es uno de los secretos del éxito, uno de los métodos para organizar la victoria, uno de los logros de la Mente Maestra. Tiene grandes pensamientos. Las energías creativas de la mente no encuentran más dificultad para lidiar con las grandes situaciones que con las pequeñas. La mente está tan presente en lo Infinitamente grande como en lo Infinitamente pequeño.

Cuando tomamos consciencia de estos hechos relativos a la mente, entendemos cómo podemos crear para nosotros cualquier circunstancia mediante la creación de las circunstancias correspondientes en nuestra consciencia, porque todo lo que mantenemos durante cualquier lapso de tiempo en la consciencia acaba grabándose en el subconsciente y, así, se convierte en una pauta que la energía creadora introducirá en la vida y el entorno de la persona.

De esta manera se producen las circunstancias y descubrimos que nuestras vidas son simplemente el reflejo de nuestros pensamientos predominantes, de nuestra actitud mental. Vemos, entonces, que la ciencia del correcto pensar es la única ciencia, que incluye a todas las demás ciencias.

Desde esta ciencia, aprendemos que cada pensamiento crea una impresión en el cerebro, que esas impresiones generan tendencias mentales, que esas tendencias crean carácter, habilidad y propósito, y que la acción conjunta de carácter, habilidad y propósito determina las experiencias con las que nos encontraremos en la vida.

Estas experiencias llegan a nosotros a través de la Ley de Atracción. A través de la acción de esta ley, encontramos en el mundo exterior las experiencias que se corresponden con nuestro mundo interior. El pensamiento predominante, o la actitud mental, es un imán. La ley dice que «los iguales se atraen»; en consecuencia, la actitud mental atraerá, invariablemente, las circunstancias que se corresponden con su naturaleza.

Esta actitud mental es nuestra personalidad y se compone de los pensamientos que hemos estado creando en nuestra propia mente. Por lo tanto, si deseamos un cambio en las circunstancias, lo único necesario es que cambiemos nuestros pensamientos; esto, a su vez, cambiará nuestra actitud mental, lo cual, a su vez, cambiará nuestra personalidad, lo cual, a su vez, cambiará a las personas, cosas y circunstancias o las experiencias que encontramos en nuestra vida.

Cambiar la actitud mental no es un asunto fácil, pero se puede lograr con un esfuerzo persistente. La actitud mental está confeccionada a partir de las imágenes mentales que han sido fotografiadas en el cerebro; si no te gustan esas imágenes, destruye los negativos y crea unas nuevas. Éste es el arte de la visualización.

En cuanto lo hayas logrado, empezarás a atraer cosas nuevas que se corresponderán con las nuevas imágenes. Para hacerlo, graba en tu mente una imagen perfecta del deseo que quieres materializar y continúa manteniéndola en tu mente hasta obtener resultados.

Si el deseo en cuestión requiere determinación, habilidad, talento, valentía, poder o cualquier otro poder espiritual, estos factores serán esenciales para tu imagen: incorpóralos. Son el sentimiento que se combina con el pensamiento y crea el irresistible poder magnético que atrae hacia ti las cosas que has pedido. Dan vida a tu imagen, y vida significa crecimiento. En cuanto tu imagen empiece a crecer, el resultado estará prácticamente asegurado.

No dudes en aspirar a los logros más altos posibles en cualquiera de las cosas que emprendas, porque las fuerzas de la mente están siempre listas para prestarse a una voluntad resuelta en el esfuerzo de cristalizar sus mayores aspiraciones en actos, logros y acontecimientos.

Una ilustración de cómo operan estas fuerzas de la mente está sugerida en el método con el que se forman todos nuestros hábitos. Hacemos algo, luego lo hacemos otra vez y otra vez y otra vez, hasta que se convierte en algo fácil y quizá casi automático. Esta misma regla se aplica para romper cualquier mal hábito: dejamos de hacer algo, y después lo evitamos otra vez, y otra vez, hasta que quedamos totalmente libres de él. Y si fracasamos de vez en cuando, no deberíamos perder la esperanza, de ninguna manera, porque la ley es absoluta e invencible y nos reconoce cada esfuerzo y cada éxito, aunque nuestros esfuerzos y nuestros éxitos sean intermitentes.

No hay límite a lo que esta ley puede hacer por ti. Atrévete a creer en tu propio concepto; recuerda que la Naturaleza es plástica para el ideal. Piensa en el ideal como un hecho que ya se ha realizado.

La verdadera batalla en la vida es una batalla de ideas, que están librando unos pocos contra la mayoría. En un lado está el pensamiento constructivo y creativo, y en el otro lado está el pensamiento destructivo y negativo. El pensamiento creativo está dominado por un ideal, el pensamiento pasivo está dominado por las apariencias. En ambos lados hay personas de ciencias, de letras y de negocios.

En el lado creativo, hay gente que pasa el tiempo en laboratorios, o incluso encima de microscopios y telescopios, codo con codo con las personas que dominan el mundo comercial, político y científico. En el lado negativo hay personas que dedican su tiempo a investigar las leyes y los precedentes, gente que confunde la teología con la religión, estadistas que confunden el poder con el derecho, y hay millones de personas que prefieren el precedente al progreso, que están siempre mirando atrás en lugar de mirar hacia adelante, que sólo ven el mundo exterior, pero no saben nada del mundo interior.

En el análisis final, sólo existen estas dos clases. Todas las personas tendrán que ocupar su lugar en un lado o en el otro. Tendrán que avanzar o retroceder; no es posible quedarse inmóvil en un mundo en el que todo está en movimiento. Es este intento de quedarse quietos lo que autoriza y da fuerza a códigos de ley arbitrarios e injustos.

Que estamos en un período de transición está evidenciado por la intranquilidad que puede verse por todas partes. La humanidad sumisa es como un redoble de la artillería del cielo, que comienza con notas bajas y amenazadoras y va aumentando hasta que el sonido va de nube en nube, y el rayo parte en dos el aire y la tierra.

Los centinelas que patrullan los puestos más avanzados del mundo industrial, político y religioso están llamándose ansiosamente unos a otros. ¿Qué importa la noche? El peligro y la inseguridad de la posición que ocupan y que intentan conservar son cada vez más evidentes. El amanecer de una nueva era declara necesariamente que el orden existente no podrá mantenerse duramente mucho tiempo más.

El problema entre el antiguo régimen y el nuevo, el quid del problema social, es enteramente una cuestión de convicción en las mentes de las personas respecto a la naturaleza del Universo. Cuando se den cuenta de que la fuerza trascendente del espíritu o la mente del Cosmos está dentro de cada individuo, será posible formular leyes que tendrán en cuenta las libertades y los derechos de la mayoría, en lugar de los privilegios de unos pocos.

Mientras la gente siga considerando el poder Cósmico como un poder no humano y por lo tanto ajeno a la humanidad, será relativamente fácil para una clase supuestamente privilegiada gobernar por derecho divino a pesar de todas las protestas del sentir social. El verdadero interés de la democracia es, por ende, exaltar, emancipar y reconocer la divinidad del espíritu humano. Reconocer que todo poder proviene del interior. Que ningún ser humano tiene más poder que otro, excepto el que puede serle delegado de buena gana. El antiguo régimen nos quería hacer creer que la ley era superior a los legisladores; he ahí la esencia del crimen social de toda forma de privilegio y desigualdad personal, la institucionalización de la doctrina fatalista de la elección divina.

La Mente Divina es la Mente Universal. No hace excepciones, no tiene favoritos; no actúa por el mero capricho o por la rabia, los celos o la ira; jamás puede ser adulada, o engatusada, o movida por la simpatía o la petición para proporcionar al ser humano alguna cosa que él cree necesaria para su felicidad, o incluso para su existencia. La Mente Divina no hace excepciones para favorecer a ningún individuo, pero cuando éste comprenda y tome consciencia de su Unidad con el Principio Universal, parecerá que es favorecido, porque habrá hallado la fuente de toda salud, toda riqueza y todo poder.

Para tu ejercicio de esta semana, concéntrate en la Verdad. Intenta darte cuenta de que la Verdad te hará libre. Es decir, que cuando aprendes a aplicar los métodos y principios del pensamiento científicamente correcto, nada puede interponerse permanentemente en tu camino hacia el éxito perfecto. Date cuenta de que estás exteriorizando en tu entorno las potencias inherentes de tu alma. Date cuenta de que el silencio te ofrece una oportunidad siempre a tu alcance y prácticamente ilimitada para despertar al concepto más elevado de Verdad. Intenta comprender que la Omnipotencia misma es silencio absoluto; todo lo demás es cambio, actividad, limitación. La concentración silenciosa en el pensamiento es, por lo tanto, el verdadero método para buscar, despertar y luego expresar el maravilloso poder potencial del mundo interior.

Estudia las preguntas y sus respuestas

201. ¿Cuál es el verdadero secreto del poder?
La consciencia del poder, porque cualquier cosa de la que tomamos consciencia se manifiesta, invariablemente, en el mundo objetivo; es traída a la expresión tangible.

202. ¿Cuál es la fuente de este poder?
La Mente Universal, de la que proceden todas las cosas y que es una e indivisible.

203. ¿Cómo se está manifestando este poder?
A través del individuo. Cada individuo es un canal por el que esta energía está siendo diferenciada en la forma.

204. ¿Cómo podemos conectar con esta Omnipotencia?
Nuestra capacidad de pensar es nuestra capacidad de influir en la Energía Universal. Lo que pensamos es producido o creado en el mundo objetivo.

205. ¿Cuál es el resultado de este descubrimiento?
El resultado es, simplemente, maravilloso. Abre oportunidades sin precedentes e ilimitadas.

206. ¿Cómo podemos, entonces, eliminar las circunstancias imperfectas?
Tomando consciencia de nuestra Unidad con la fuente de todo poder.

207. ¿Cuál es una de las características distintivas de la Mente Maestra?
Que tiene grandes pensamientos y alberga ideas lo suficientemente grandes como para contrarrestar y destruir todos los obstáculos pequeños y molestos.

208. ¿Cómo nos llegan las experiencias?
A través de la Ley de Atracción.

209. ¿Cómo entra en funcionamiento esta ley?
Mediante nuestra actitud mental predominante.

210. ¿Cuál es el problema entre el antiguo régimen y el nuevo?
Una cuestión de convicción sobre la naturaleza del Universo. El antiguo régimen está intentando aferrarse a la doctrina fantástica de la elección divina. El nuevo régimen reconoce la divinidad del individuo, la democracia de la humanidad.

❧ *Capítulo veintidós* ❧

En el Capítulo Veintidós descubrirás que los pensamientos son semillas espirituales, las cuales, cuando son sembradas en la mente subconsciente, tienden a brotar y a crecer, pero desgraciadamente a menudo el fruto no es de nuestro agrado.

Generalmente, las diversas formas de inflamación, parálisis, nerviosismo y estados de enfermedad son la manifestación del miedo, la preocupación, la aprensión, la ansiedad, los celos, el odio y pensamientos similares.

Los procesos de la vida son llevados a cabo mediante dos métodos distintos: el primero, absorber y hacer uso del material necesario para la construcción de células; el segundo, descomponer y expulsar el material de desecho.

Toda vida se basa en estas actividades constructivas y destructivas y, puesto que la comida, el agua y el aire son los únicos requisitos necesarios para la construcción de células, el problema de prolongar la vida indefinidamente no debería ser algo difícil.

Por muy extraño que parezca, la segunda actividad, o la actividad destructiva, es, con contadas excepciones, la causa de todas las enfermedades. El material de desecho se acumula y satura los tejidos, lo cual provoca una autointoxicación. Esto puede ser parcial o general. En el primer caso, el trastorno será local; en el segundo lugar, afectará a todo el organismo.

El problema que tenemos ante nosotros, entonces, para la curación de la enfermedad, es aumentar la afluencia y la distribución de energía por todo el organismo. Esto sólo puede hacerse eliminando los pensamientos de miedo, preocupación, aprensión, ansiedad, celos, odio y todos los demás pensamientos destructivos, que tienden a derribar y destruir los nervios y las glándulas que controlan la excreción y la eliminación de materia de desecho y venenosa.

Los «alimentos nutritivos y tónicos fortalecedores» no pueden otorgar vida, porque sólo son manifestaciones secundarias de la vida. En el capítulo que tengo el privilegio de ofrecer a continuación se explica la manifestación principal de la vida y cómo puedes entrar en contacto con ella.

Capítulo veintidós

El conocimiento tiene un valor incalculable porque al aplicarlo podemos hacer que nuestro futuro sea como deseamos que sea. Cuando nos demos cuenta de que nuestro carácter, nuestro entorno, nuestra capacidad y nuestro estado físico actuales son el resultado de modos de pensar del pasado, empezaremos a tener alguna idea del valor que tiene el conocimiento.

Si el estado de nuestra salud no es todo lo que podríamos desear, examinemos nuestra forma de pensar; recordemos que cada pensamiento produce una impresión en la mente; cada impresión es una semilla que penetrará en el subconsciente y formará una tendencia; esta tendencia será la de atraer otros pensamientos similares y, antes de que nos demos cuenta, tendremos un cultivo que deberá ser cosechado.

Si estos pensamientos contienen gérmenes de enfermedad, la cosecha será de enfermedad, decadencia, debilidad y fracaso. La cuestión es: ¿qué estamos pensando?, ¿qué estamos creando?, ¿qué cosecharemos?

Si hay cualquier estado físico que es necesario cambiar, la ley que gobierna la visualización será efectiva. Crea una imagen mental de perfección física, mantenla en la mente hasta que sea absorbida por la consciencia. Muchas personas han eliminado dolencias crónicas en pocas semanas con este método y miles han superado y destruido todo tipo de trastornos físicos corrientes con este método en pocos días, a veces en pocos minutos.

Es a través de la ley de vibración que la mente ejerce este control sobre el cuerpo. Sabemos que toda acción mental es una vibración y que toda forma es simplemente un modo de movimiento, una velocidad de vibración. Por lo tanto, cualquier vibración dada modifica inmediatamente a todos los átomos del cuerpo, todas las células vivas son afectadas y en cada grupo de células vivas se produce todo un cambio químico.

Todo en el Universo es lo que es en virtud de su velocidad de vibración. Si cambias la velocidad de vibración, cambias la naturaleza, la cualidad y la forma. El inmenso panorama de la naturaleza, tanto visible como invisible, está siendo cambiado continuamente simplemente mediante un cambio en la velocidad de vibración. Puesto que el pensamiento es una vibración, también podemos ejercer este poder: podemos cambiar la vibración y, de ese modo, producir cualquier estado que deseemos manifestar en nuestros cuerpos.

Estamos usando este poder a cada minuto. El problema es que la mayoría de nosotros estamos usándolo inconscientemente, y por eso producimos resultados indeseables. El problema es que debemos usarlo con inteligencia y producir únicamente resultados deseables. Esto no debería ser difícil, porque todos hemos tenido la experiencia suficiente como para saber qué es lo que provoca una vibración agradable en el cuerpo y, además, conocemos las causas que dan lugar a las sensaciones poco placenteras y desagradables.

Lo único necesario es consultar con nuestra propia experiencia. Cuando nuestros pensamientos han sido alegres, progresivos, constructivos, valientes, nobles, generosos o deseables en cualquier otro sentido, hemos puesto en movimiento vibraciones que han producido determinados resultados. Cuando nuestros pensamientos han estado llenos de envidia, odio, celos, críticas o cualquiera de las otras mil y una formas de discordia, se han puesto en movimiento ciertas vibraciones que han producido ciertos resultados de una naturaleza distinta. Cada una de estas velocidades de vibración, si se mantuvieron, se cristalizaron en la forma. En el primer caso, el resultado fue la salud mental, moral y física, y en el segundo caso fue la discordia, la desarmonía y la enfermedad.

Por lo tanto, podemos comprender un poco el poder que tiene la mente sobre el cuerpo.

La mente objetiva tiene ciertos efectos sobre el cuerpo, que se reconocen fácilmente. Alguien te dice algo que te parece absurdo y te ríes, posiblemente hasta que todo tu cuerpo se agita, lo cual nos muestra que el pensamiento tiene control sobre los músculos de tu cuerpo. O alguien te dice algo que estimula tu compasión y se te llenan los ojos de lágrimas, lo cual nos muestra que el pensamiento controla las glándulas de tu cuerpo. O alguien te dice algo que te hace enfadar y la sangre sube a tus mejillas, lo cual nos muestra que el pensamiento controla la circulación de tu sangre. Pero, puesto que estas experiencias son todas resultado de la acción de tu mente objetiva sobre el cuerpo, los resultados tienen una naturaleza temporal; pronto se desvanecen y la situación se queda como antes.

Veamos cómo difiere la acción de la mente subconsciente sobre el cuerpo. Recibes una herida; inmediatamente, miles de células empiezan a trabajar para sanarla; unos días o unas semanas más tarde, han finalizado el trabajo. Incluso puedes romperte un hueso. Ningún cirujano sobre la Tierra puede soldar las partes (no me estoy refiriendo a insertar clavos u otros aparatos para fortalecer o reemplazar a los huesos). Puede colocarte el hueso en su sitio, y la mente subjetiva iniciará inmediatamente el proceso de unir las partes y, al poco tiempo, el hueso estará más sólido que nunca. Puedes ingerir veneno; la mente subjetiva descubrirá inmediatamente el peligro y realizará esfuerzos violentos para eliminarlo. Puedes infectarte con un germen peligroso; la mente subjetiva empezará enseguida a construir una pared alrededor de la zona infectada y destruirá la infección absorbiéndola en los glóbulos blancos que provee con este fin.

Estos procesos de la mente subconsciente suelen tener lugar sin nuestro conocimiento o dirección personal y, si no interferimos, el resultado es perfecto. Pero, dado que esos millones de células reparadoras son inteligentes y responden a nuestro pensamiento, a menudo se paralizan y se vuelven impotentes debido a nuestros pensamientos de miedo, dudas y ansiedad. Son como un ejército de trabajadores listos para empezar a realizar una obra importante, pero cada vez que comienzan su labor se convoca una huelga, o hay un cambio de planes, hasta que finalmente se desaniman y tiran la toalla.

El camino hacia la salud se funda en la ley de vibración, que es la base de toda ciencia, y esta ley es puesta en funcionamiento por la mente, el «mundo interior». Es una cuestión de esfuerzo individual y práctica. Nuestro mundo de poder está dentro de nosotros. Si somos inteligentes, no desperdiciaremos tiempo y esfuerzos intentando lidiar con los efectos cuando los encontramos en el «mundo exterior», que es sólo un reflejo externo.

Siempre encontraremos la causa en el «mundo interior», y cambiando la causa cambiamos el efecto.

Cada célula de tu cuerpo es inteligente y responderá a tus órdenes. Las células son todas creadoras y crearán la pauta exacta que tú les des.

Por lo tanto, cuando se colocan imágenes perfectas delante de la mente subjetiva, las energías creadoras construyen un cuerpo perfecto.

Las células del cerebro se construyen de la misma manera. La cualidad del cerebro está gobernada por el estado mental, o la actitud mental, de modo que si se transmiten actitudes mentales indeseables a la mente subjetiva, éstas serán transferidas también al cuerpo. Por lo tanto, podemos ver fácilmente que si deseamos que el cuerpo manifieste salud, fuerza y vitalidad, esos deben ser los pensamientos predominantes.

Sabemos, entonces, que cada elemento del cuerpo humano es el resultado de una velocidad de vibración.

Sabemos que la acción mental es una velocidad de vibración.

Sabemos que una velocidad de vibración mayor gobierna, modifica, controla, cambia o destruye a una velocidad de vibración menor.

Sabemos que la velocidad de vibración está gobernada por el carácter de las células cerebrales y, finalmente...

Sabemos cómo crear esas células cerebrales. Por lo tanto...

Sabemos cómo realizar cualquier cambio que deseemos en el cuerpo. Habiendo conseguido un conocimiento práctico del poder de la mente hasta este punto, nos hemos percatado de que no existe prácticamente ninguna limitación a nuestra capacidad de estar en armonía con la ley natural, que es omnipotente.

En general, cada vez se comprende mejor esta influencia o control de la mente sobre el cuerpo, y actualmente muchos médicos están prestando más atención a esta cuestión. El doctor Albert T. Shoefield, que ha escrito varios libros importantes sobre el tema, dice: «Generalmente, el tema de la terapéutica mental todavía es ignorado en las obras médicas. En nuestras fisiologías, no se hace ninguna referencia al poder controlador central que gobierna al cuerpo para su bien, y rara vez se habla del poder de la mente sobre el cuerpo».

No cabe duda de que muchos médicos tratan bien y sabiamente las enfermedades nerviosas de origen funcional, pero lo que sostenemos es que los conocimientos que demuestran no fueron enseñados en ninguna facultad, no fueron aprendidos de ningún libro, sino que son intuitivos y empíricos.

Las cosas no deberían ser así. El poder de la terapéutica mental debería ser el tema de una enseñanza detenida, especial y científica en todas las facultades de medicina. Podríamos profundizar en más detalle en el tema del mal tratamiento, o de la falta de tratamiento, y describir los desastrosos resultados de los casos de negligencia, pero esta tarea es odiosa.

No puede haber ninguna duda de que pocos pacientes son conscientes de cuánto pueden hacer por ellos mismos. Todavía se desconoce lo que un paciente puede hacer por sí mismo, las fuerzas que puede poner en movimiento. Nosotros nos inclinamos a pensar que son mucho mayores de lo que la mayoría imagina, e indudablemente se utilizarán cada vez más. El propio paciente puede dirigir la terapéutica mental para calmar una mente excitada, despertando sentimientos de alegría, esperanza, fe y amor, sugiriendo motivos para esforzarse, mediante un trabajo mental habitual y desviando sus pensamientos de la enfermedad.

Para tu ejercicio de esta semana, concéntrate en la bella frase de Tensión: «Háblale, tú, porque Él escucha, y espíritu con espíritu se pueden encontrar, Más cerca está Él que la respiración, y más cerca que manos y pies». Luego, intenta tomar consciencia de que cuando le hablas a Él estás en contacto con la Omnipotencia.

El tomar consciencia de esto y el reconocimiento de este poder Omnipresente destruirán rápidamente toda forma de enfermedad o sufrimiento, y la reemplazarán con armonía y perfección. A continuación recuerda que hay personas que parecen pensar que la enfermedad y el sufrimiento son enviados por Dios; si así fuese, cada médico, cada cirujano y cada enfermero de la Cruz Roja estarían desafiando la voluntad de Dios, y los hospitales y los sanatorios serían lugares de rebelión, en lugar de casas de piedad. Ciertamente, la razón nos muestra rápidamente que esto es una absurdidad, pero hay muchas personas que todavía albergan esta idea.

Finalmente, deja que el pensamiento se pose en el hecho de que, hasta hace poco tiempo, la teología ha estado intentando enseñar la existencia de un Creador imposible, que creó unos seres capaces de pecar y luego permitió que estuvieran eternamente castigados por esos pecados. Ciertamente, el resultado obligatorio de una ignorancia tan extraordinaria fue crear miedo en lugar de amor, de manera que, tras dos mil años de este tipo de propaganda, ahora la teología está ocupada disculpándose ante la cristiandad.

Entonces, apreciarás más fácilmente al hombre ideal, hecho a imagen y semejanza de Dios, y apreciarás mejor a la Mente que todo lo origina, que forma, sostiene, sustenta y crea todo lo que existe.

Todo forma parte de un estupendo todo, cuyo cuerpo es la naturaleza y cuya alma es Dios.

La oportunidad sigue a la percepción, la acción sigue a la inspiración, el crecimiento sigue al conocimiento, la eminencia sigue al progreso. Lo espiritual siempre viene primero, luego la transformación en posibilidades infinitas e ilimitadas de realización.

Estudia las preguntas y sus respuestas

211. ¿Cómo se puede eliminar la enfermedad?
Colocándonos en armonía con la Ley Natural, que es Omnipotente.

212. ¿Cuál es el proceso?
Tomar consciencia de que el ser humano es un ser espiritual y de que su espíritu debe de ser, necesariamente, perfecto.

213. ¿Cuál es el resultado?

Un reconocimiento consciente de la perfección (primero intelectualmente, luego emocionalmente) produce la manifestación de esa perfección.

214. ¿Por qué?

Porque el pensamiento es espiritual y, por lo tanto, creativo, y se correlaciona con su objeto y lo trae a la manifestación.

215. ¿Qué Ley Natural entra en funcionamiento?

La Ley de Vibración.

216. ¿Por qué gobierna?

Porque una mayor velocidad de vibración gobierna, modifica, controla, cambia o destruye a una velocidad menor de vibración.

217. ¿Se reconoce generalmente este sistema de terapéutica mental?

Sí, hay literalmente millones de personas que hacen uso de él de una u otra forma.

218. ¿Cuál es el resultado de este sistema de pensamiento?

Por primera vez en la historia del mundo, la facultad de razonamiento de todas las personas puede ser satisfecha por una verdad demostrable que ahora está inundando el mundo rápidamente.

219. ¿Es este sistema aplicable a otras formas de suministro?

Responderá a todo requerimiento o necesidad humana.

220. ¿Es este sistema científico o religioso?

Ambas cosas. La verdadera ciencia y la verdadera religión son hermanas gemelas. Donde va una, la otra la sigue necesariamente.

❧ *Capítulo veintitrés* ❧

En el capítulo que tengo el honor de transmitirte aquí, descubrirás que el dinero se entreteje con el tejido de nuestra propia existencia; que la ley del éxito es el servicio; que recibimos lo que damos y, por este motivo, deberíamos considerar un gran privilegio el poder dar.

Hemos descubierto que el pensamiento es la actividad creadora que está detrás de toda iniciativa constructiva. Por lo tanto, no podemos dar nada de mayor valor práctico que nuestros pensamientos.

El pensamiento creativo requiere atención y, como hemos visto, el poder de la atención es el arma del Superhombre o la Supermujer. La atención desarrolla la concentración, y la concentración desarrolla el Poder Espiritual es la fuerza más poderosa que existe.

Ésta es la ciencia que comprende a todas las ciencias. Es el arte que, por encima de todas las artes, es relevante para la vida humana. En la maestría de esta ciencia y este arte está la oportunidad para el progreso sin fin. La perfección en esto no se adquiere en seis días, ni en seis semanas, ni en seis meses. Es el trabajo de toda una vida. No avanzar es retroceder.

No podemos evitar que tener pensamientos positivos, constructivos y altruistas produzca un efecto beneficioso de largo alcance. La compensación es la tónica del universo. La naturaleza está buscando constantemente alcanzar el equilibrio. Ahí donde se envía algo, alguna cosa debe ser recibida; de lo contrario, se formaría un vacío.

Mediante la observación de esta regla, no puedes evitar beneficiarte en tal grado que justificarás ampliamente tus esfuerzos en este sentido.

Capítulo veintitrés

La consciencia del dinero es una actitud de la mente; es la puerta abierta para las arterias del comercio. Es la actitud receptiva. El deseo es la fuerza que pone en movimiento a la corriente. El miedo es el gran obstáculo, que detiene a la corriente o la invierte completamente, alejándola de nosotros.

El miedo es exactamente lo opuesto a la consciencia del dinero; es la consciencia de la pobreza, y puesto que la ley es inalterable, obtenemos exactamente lo que damos. Si tenemos miedo, obtenemos lo que temíamos. El dinero se mezcla con todo el tejido de nuestra propia existencia; utiliza los mejores pensamientos de las mejores mentes.

Conseguimos dinero haciendo amigos y ampliamos nuestro círculo de amigos obteniendo dinero para ellos, ayudándolos, siéndoles útiles. La primera ley del éxito es, entonces, el servicio y éste, a su vez, se basa en la integridad y la justicia. La persona que, como mínimo, no es justa en su intención, es simplemente ignorante; no ha comprendido la ley fundamental de todo intercambio; es imposible. Sin duda, y con certeza, perderá. Quizá no lo sepa, quizá crea que está ganando, pero está condenada a una cierta derrota. No puede engañar al Infinito. La ley de compensación le exigirá ojo por ojo y diente por diente.

Las fuerzas de la vida son volátiles, están compuestas de nuestros pensamientos e ideales, y éstos, a su vez, son moldeados y toman forma. Nuestro problema es mantener una mente abierta, buscar constantemente cosas nuevas, reconocer las oportunidades, interesarnos en la carrera más que en el objetivo, porque el placer está en la búsqueda, más que en la posesión.

Puedes convertirte en un imán para el dinero, pero para conseguirlo primero debes pensar en cómo puedes hacer dinero para otras personas. Si tienes la perspicacia necesaria para percibir y utilizar las oportunidades y las circunstancias favorables y reconocer los valores, puedes colocarte en posición de aprovecharlas, pero tu mayor éxito llegará cuando puedas ayudar a los demás. Lo que beneficia a uno debe beneficiar a todos.

Un pensamiento generoso está lleno de fuerza y vitalidad; un pensamiento egoísta contiene los gérmenes de la disolución: se desintegrará y morirá. Los grandes financieros son simplemente canales para la distribución de la riqueza. Enormes cantidades van y vienen, pero sería tan peligroso detener la salida como detener la entrada: ambos extremos deben mantenerse abiertos. De modo que nuestro mayor éxito llegará cuando reconozcamos que es tan esencial dar como recibir.

Si reconocemos el poder Omnipotente que es la fuente de toda provisión, podemos ajustar nuestra consciencia a esta provisión de manera que atraerá constantemente todo lo que necesite, y descubriremos que cuanto más damos, más recibimos. Dar en este sentido implica servicio. El banquero da su dinero, el comerciante da sus productos, el escritor da sus pensamientos, el trabajador da sus habilidades. Todos tienen algo que dar, pero cuanto más dan, más reciben, y cuanto más reciben, más capaces son de dar.

El financiero consigue mucho porque da mucho. Él piensa; rara vez deja que otra persona piense por él. Quiere saber cómo se van a obtener unos resultados; tú debes mostrárselo. Cuando puedas hacerlo, él proveerá lo medios para que cientos o miles de personas puedan obtener beneficios. En la medida en que ellas tengan éxito, él tendrá éxito. Morgan, Rockefeller, Carnegie y otros no se hicieron ricos porque perdieron dinero para otras personas; fue porque ganaron dinero para otras personas que se convirtieron en los hombres más ricos del país más rico del planeta.

La persona promedio desconoce totalmente el pensar profundamente. Acepta las ideas de otros y las repite, como un loro. Esto se puede ver fácilmente cuando comprendemos cuál es el método que se utiliza para crear la opinión pública. Esta actitud dócil por parte de la gran mayoría, que parece estar perfectamente dispuesta a dejar que unos pocos piensen por ella, es lo que permite que unas pocas personas en muchos grandes países usurpen todas las avenidas de poder y tengan subyugados a millones de individuos. El pensamiento creativo requiere atención.

El poder de atención se llama concentración. Este poder está dirigido por la voluntad. Por este motivo, debemos negarnos a concentrarnos o a pensar en cualquier cosa que no sea lo que deseamos. Muchas personas se están concentrando continuamente en todo tipo de penas, pérdidas y discordia. Puesto que el pensamiento es creativo, es lógico pensar que esta concentración conducirá inevitablemente a más pérdidas, más penas y más discordia. ¿Cómo podría ser de otra manera? Por otro lado, cuando encontramos el éxito, la ganancia o cualquier otro tipo de estado deseable, naturalmente nos concentramos en sus efectos y, por lo tanto, creamos más de lo mismo. De ahí que mucho nos lleve a más.

Un socio mío habla de cómo se puede utilizar la comprensión de este principio en el mundo de los negocios:

«El Espíritu, aparte de todas las otras cosas que pueda ser o dejar de ser, debe considerarse la Esencia de la Consciencia, la Sustancia de la Mente, la realidad que subyace al Pensamiento. Y, puesto que todas las ideas son fases de la actividad de la Consciencia, la Mente o el Pensamiento, resulta que en el Espíritu, y sólo en él, se encuentra la Realidad Última, lo Real, o la Idea».

Habiendo reconocido esto, ¿no parece razonable afirmar que una verdadera comprensión del Espíritu, con sus leyes de manifestación, sería lo más «práctico» que una persona «práctica» podría esperar encontrar? ¿No parece seguro que si las personas «prácticas» del mundo se dieran cuenta de este hecho, «estarían encantadas» de colocarse en una posición en la que pudieran obtener esos conocimientos sobre las cosas y leyes espirituales? Estas personas no son tontas; sólo necesitan comprender esta realidad fundamental para poder avanzar en la dirección de aquello que es la esencia de todo logro.

Permíteme que te ofrezca un ejemplo concreto. Conozco a un hombre en Chicago al que siempre he considerado bastante materialista. Ha tenido varios éxitos en la vida, y también varios fracasos. La última vez que tuve una conversación con él estaba prácticamente «sin un centavo», en relación con su situación económica anterior. Parecía que verdaderamente se había quedado sin fuerzas para seguir adelante, pues estaba bien entrado en la mediana edad y las ideas nuevas le llegaban más lentamente y con menos frecuencia que en los años anteriores.

Esencialmente, lo que me dijo fue: «Sé que todas las cosas que "salen bien" en los negocios son el resultado del Pensamiento. Cualquier tonto lo sabe, pero ahora mismo ando escaso de pensamientos y buenas ideas. Si la enseñanza de que "Todo es Mente" es correcta, entonces debería ser posible que una persona lograra una "conexión directa" con la Mente Infinita. En la Mente Infinita debe de existir la posibilidad de tener todo tipo de buenas ideas a las que un hombre de mi valentía y experiencia podría dar un uso práctico en el mundo de los negocios y, así, tener un gran éxito. Pinta bien; voy a investigar el tema».

Esto fue hace varios años. El otro día volví a oír hablar de este hombre. Charlando con un amigo, le dije: «¿Qué fue de nuestro viejo amigo X? ¿Ha levantado cabeza?». Él me miró asombrado. «¿Qué?», me dijo, «¿No te has enterado del gran éxito de X? Es el pez gordo de la compañía Z (nombrando una empresa que ha tenido un éxito fenomenal en los últimos dieciocho meses y que ahora es muy conocida en todo el país a raíz de sus anuncios publicitarios). Él es quien les dio la GRAN IDEA para la empresa. Ha tenido unos beneficios de medio millón y ahora está acercándose rápidamente a la marca del millón. Todo esto en un lapso de dieciocho meses». Yo no había relacionado a este hombre con la empresa mencionada, pero sabía del éxito increíble de la compañía en cuestión. La investigación ha demostrado que la historia es cierta y que los hechos mencionados arriba no son en absoluto exagerados.

Entonces, ¿qué piensas de esto? Para mí, significa que este hombre realmente estableció la «conexión directa» con la Mente Infinita (el Espíritu) y, tras encontrarla, la puso a trabajar para él. La utilizó en sus asuntos.

¿Esto te parece sacrílego o blasfemo? Espero que no. No es mi intención que lo sea. Si al concepto de «Infinito» le quitas la implicación de Personalidad o Naturaleza Humana Magnificada, te queda el concepto de un Poder-Presencia Infinito, cuya Quintaesencia es la Consciencia –de hecho, finalmente, es el Espíritu. Puesto que, por último, este hombre también debe ser considerado una manifestación del Espíritu, no hay nada sacrílego en la idea de que él, siendo Espíritu, deba armonizarse con su Origen y su Fuente para poder manifestar al menos un grado menor de su Poder. Todos nosotros lo hacemos en mayor o menor medida cuando usamos nuestras mentes en la dirección del Pensamiento Creador. Este hombre fue más allá: lo hizo de una forma intensamente «práctica».

No le he preguntado sobre su método de procedimiento, aunque tengo la intención de hacerlo a la primera oportunidad, pero él no sólo recurrió a la Provisión Infinita en busca de las ideas que necesitaba (y que fueron la semilla de su éxito), sino que además utilizó el Poder Creador del Pensamiento para construir para sí mismo un Modelo Idealista de aquello que él esperaba manifestar en la forma material, añadiéndole cosas, cambiándolo, mejorando los detalles de vez en cuando, yendo del esbozo general a los detalles acabados. Creo que ésta es la realidad de este caso, no sólo según mi recuerdo de la conversación de hace unos años, sino también porque he descubierto que éste es el mismo caso de otras personas destacadas que han realizado manifestaciones similares del Pensamiento Creador.

Aquellas personas que se encogen ante la idea de emplear el Poder Infinito para ayudarse en su trabajo en el mundo material deberían recordar que, si el Infinito tuviera la más mínima objeción a este procedimiento, las cosas jamás ocurrirían. El Infinito es bastante capaz de cuidar de sí mismo.

La «espiritualidad» es bastante «práctica»; muy «práctica»; intensamente «práctica». Enseña que el Espíritu es la Realidad, es Todo, y que la Materia no es más que una sustancia plástica que el Espíritu es capaz de crear, moldear, manipular y forjar a su voluntad. La espiritualidad es lo más «práctico» que hay en el mundo, ¡es lo único verdadera y absolutamente «práctico» que existe!

Esta semana, concéntrate en el hecho de que el ser humano no es un cuerpo con un espíritu, sino un espíritu con un cuerpo, y que por este motivo sus deseos son incapaces de encontrar una satisfacción permanente en nada que no sea espiritual. El dinero, por lo tanto, no tiene ningún valor, excepto el de proporcionarnos las condiciones que deseamos, y esas condiciones son, necesariamente, armoniosas. Las condiciones armoniosas necesitan una provisión suficiente, de manera que cuando parezca que hay alguna escasez, deberíamos darnos cuenta de que la idea o el alma del dinero es el servicio. Cuando este pensamiento tome forma, se abrirán canales de suministro y tendrás la satisfacción de saber que los métodos espirituales son enteramente prácticos.

Estudia las preguntas y sus respuestas

221. ¿Cuál es la primera ley del éxito?
El servicio.

222. ¿Cómo podemos servir mejor?
Teniendo una mente abierta; interesándonos en la carrera en lugar de en la meta, en la búsqueda en lugar de en la posesión.

223. ¿Cuál es el resultado del pensamiento egoísta?
Que contiene los gérmenes de la disolución.

224. ¿Cómo conseguiremos nuestro mayor éxito?
Mediante un reconocimiento del hecho de que es tan esencial dar como recibir.

225. ¿Por qué los financieros suelen tener un gran éxito?
Porque piensan por sí solos.

226. ¿Por qué la gran mayoría de las personas en todos los países siguen siendo dóciles y, aparentemente, son las herramientas de unos pocos?
Porque permiten que esos pocos piensen por ellas.

227. ¿Cuál es el efecto de concentrarnos en las penas y la pérdida?
Más penas y más pérdidas.

228. ¿Cuál es el efecto de concentrarnos en la ganancia?
Más ganancia.

229. ¿Se utiliza este principio en el mundo de los negocios?
Es el único principio que se ha utilizado jamás, o que puede utilizarse jamás; no hay ningún otro. El hecho de que puede usarse inconscientemente no cambia la situación.

230. ¿Cuál es la aplicación práctica de este principio?
El hecho de que el éxito sea un efecto, no una causa. Si queremos conseguir el efecto debemos determinar la causa, o la idea, o el pensamiento, mediante el cual o la cual se crea ese efecto.

❧ *Capítulo veinticuatro* ❧

Aquí te ofrezco tú última lección de este curso.

Si has practicado cada uno de los ejercicios durante unos minutos todos los días, como te sugerí, habrás descubierto que puedes conseguir de la vida exactamente lo que deseas, si primero le das a la vida aquello que deseas. Probablemente estarás de acuerdo con el estudiante que dijo: «El pensamiento es casi abrumador: tan vasto, tan alcanzable, tan claro, tan razonable y tan utilizable».

El fruto de este conocimiento es, por así decirlo, un regalo de los dioses; es la «verdad» que libera a las personas, no sólo de toda carencia y limitación, sino también de la tristeza, la preocupación y la aprensión. Es maravilloso darnos cuenta de que esta ley no discrimina a las personas; que, independientemente de cuáles sean tus hábitos de pensamiento, el camino ha sido preparado.

Si te inclinas por la religión, el más grande maestro religioso que el mundo ha conocido jamás dejó muy claro cuál era el camino que todos podemos seguir. Si tu inclinación mental es hacia la ciencia física, la ley funcionará con una certeza matemática. Si te inclinas por lo filosófico, Platón o Emerson pueden ser tus maestros, pero, en cualquier caso, puedes alcanzar unos grados de poder a los que es importante asignar un límite.

Creo que la comprensión de este principio es el secreto que los antiguos alquimistas buscaron en vano, porque explica cómo el oro que está en la mente puede ser transmutado en oro en el corazón y en las manos.

Capítulo veinticuatro

Cuando los científicos colocaron por primera vez al Sol en el centro del Sistema Solar y a la Tierra girando alrededor de él, hubo una gran sorpresa y consternación. Toda la idea parecía evidentemente falsa; nada era más cierto que el movimiento del Sol a través del cielo, y cualquiera podía ver que descendía por las colinas occidentales y se hundía en el mar. Los estudiosos se pusieron furiosos y los científicos rechazaron la idea como absurda. Sin embargo, finalmente las evidencias llegaron a convencer a las mentes de todos.

Decimos que una campana es un «cuerpo que suena», pero sabemos que lo único que la campana es capaz de hacer es producir vibraciones en el aire. Cuando esas vibraciones llegan a una velocidad de dieciséis vibraciones por segundo, hacen que el sonido se oiga en la mente. También es posible que la mente oiga vibraciones de hasta 38.000 vibraciones por segundo. Cuando el número aumenta más allá de esta cifra, todo vuelve a ser silencio. De modo que sabemos que el sonido no está en la campana, sino en nuestra propia mente.

Hablamos del Sol, e incluso pensamos en él, como un cuerpo que «da luz». Sin embargo, sabemos que simplemente está emitiendo una energía que produce vibraciones en el éter a la velocidad de cuatrocientos trillones por segundo, causando lo que se denominan ondas de luz; de modo que sabemos que eso que llamamos luz es simplemente una forma de energía y que la única luz que hay es la sensación causada en la mente por el movimiento de las ondas. Cuando el número aumenta, la luz cambia de color. Cada cambio de color es causado por vibraciones más cortas o más rápidas; de manera que aunque digamos que la rosa es roja, el césped es verde o el cielo es azul, sabemos que los colores existen únicamente en nuestras mentes y son sensaciones experimentadas por nosotros como resultado de las vibraciones de las ondas de luz. Cuando las vibraciones se reducen por debajo de cuatrocientos trillones por segundo, dejan de afectarnos como luz, pero experimentamos la sensación de calor. Por lo tanto, es evidente que no podemos depender de la prueba de los sentidos para obtener información sobre la realidad de las cosas; si lo hiciéramos, deberíamos creer que el Sol avanza, que el mundo es plano en lugar de redondo y que las estrellas son trocitos de luz, en lugar de inmensos soles.

Por lo tanto, toda la extensión de la teoría y la práctica de cualquier sistema de metafísica consiste en conocer la Verdad relativa a ti y al mundo en el que vives; en saber que para expresar armonía debes pensar en la armonía, para expresar salud debes pensar en la salud, y para expresar abundancia debes pensar en la abundancia. Para ello debes invertir la prueba de los sentidos.

Cuando llegues a saber que toda forma de enfermedad, malestar, carencia y limitación es simplemente el resultado de una manera de pensar errónea, sabrás que «la Verdad os hará libres». Verás que es posible mover montañas. Si esas montañas están compuestas únicamente de dudas, miedo, desconfianza u otras formas de desánimo, no por eso son menos reales, y no sólo deben ser retiradas, sino también «echadas al mar».

Tu verdadera tarea consiste en convencerte de la verdad de estas afirmaciones. Cuando hayas conseguido hacerlo, no tendrás ninguna dificultad para pensar en la verdad y, tal como se ha demostrado, la verdad contiene un principio vital y se manifestará.

Quienes curan enfermedades con métodos mentales han llegado a conocer esta verdad y la demuestran diariamente en sus vidas y en las vidas de otras personas. Ellos saben que la vida, la salud y la abundancia son Omnipresentes, que llenan todo el espacio, y saben que quienes permiten que se manifieste la enfermedad, o cualquier tipo de carencia, todavía no han llegado a comprender esta gran ley.

Puesto que todas las circunstancias son creaciones del pensamiento y, por lo tanto, son enteramente mentales, la enfermedad y la carencia son simplemente circunstancias mentales en las que la persona no logra percibir la verdad; tan pronto como el error es eliminado, se eliminan las circunstancias.

El método para eliminar el error es entrar en el Silencio y conocer la Verdad. Puesto que todas las mentes son una mente, puedes hacer esto para ti mismo o para cualquier otra persona. Si has aprendido a crear imágenes mentales de las circunstancias deseadas, esa será la manera más fácil y más rápida de obtener resultados; si no es así, se pueden conseguir resultados mediante la argumentación, mediante el proceso de convencerte a ti mismo absolutamente de la verdad de tu afirmación.

Recuerda que ésta es una de las afirmaciones más difíciles de captar, así como una de las más maravillosas... Recuerda que no importa cuál sea la dificultad, ni tampoco dónde sea, ni siquiera quién sea el afectado, no tienes a ningún otro paciente más que a ti; no puedes hacer otra cosa más que convencerte absolutamente de la verdad de esta afirmación.

Ésta es una afirmación científica exacta que está de acuerdo con el mismo sistema de Metafísica existente, y jamás ningún resultado permanente es obtenido de ninguna otra manera.

Todas las formas de concentración, de formación de imágenes mentales, de argumentación y de autosugestión son simplemente métodos con los que se te permite tomar consciencia de la Verdad.

Si deseas ayudar a alguien, eliminar alguna forma de carencia, limitación o error, el método correcto no es pensar en la persona a la que deseas ayudar; basta con la intención de ayudarla, ya que te pone en contacto mental con ella. Despúes, expulsa de tu propia mente cualquier creencia en la carencia, la limitación, la enfermedad, el peligro, la dificultad o cualquier otro problema. En cuanto hayas logrado hacerlo, conseguirás el resultado y la persona será libre.

Pero recuerda que el pensamiento es creativo y, en consecuencia, cada vez que permites que tu pensamiento se pose en cualquier circunstancia poco armoniosa, debes darte cuenta de que tales circunstancias sólo son aparentes, que no tienen ninguna realidad, que el espíritu es la única realidad y que nunca puede ser menos que perfecto.

Todo pensamiento es una forma de energía, una velocidad de vibración, pero un pensamiento de la Verdad es la mayor velocidad de vibración conocida y, en consecuencia, destruye toda forma de error exactamente de la misma manera en que la luz destruye a la oscuridad. Ninguna forma de error puede existir cuando aparece la «Verdad», de manera que todo tu trabajo mental consiste en llegar a una comprensión de la Verdad. Esto te permitirá superar cualquier forma de carencia, limitación o enfermedad.

No podemos llegar a una comprensión de la Verdad desde el mundo exterior; el mundo exterior es sólo relativo; la Verdad es absoluta. Por lo tanto, debemos encontrar el «mundo interior».

Entrenar a la mente para que vea únicamente la Verdad es expresar únicamente condiciones verdaderas: nuestra capacidad de hacerlo nos indicará el progreso que estamos realizando.

La verdad absoluta es que el «yo» es perfecto y está completo. El verdadero «yo» es espiritual y, por lo tanto, nunca puede ser menos que perfecto; nunca puede tener ninguna carencia, limitación o enfermedad. El destello de genialidad no tiene su origen en el movimiento molecular del cerebro; está inspirado en el ego. El «yo» espiritual es uno con la Mente Universal, y es nuestra capacidad de reconocer esta Unidad lo que provoca toda inspiración, toda genialidad. Estos resultados llegan lejos y tienen un efecto en las generaciones futuras; son los pilares de fuego que señalan el camino para los millones de personas que vendrán.

La Verdad no es el resultado del entrenamiento lógico o la experimentación; ni siquiera de la observación. Es el producto de una consciencia desarrollada. La Verdad dentro de un César se manifiesta en el comportamiento de un César, en su vida y en sus actos, en su influencia en las formas sociales y el progreso. Tu vida, tus actos y tu influencia en el mundo dependerán en el grado de verdad que puedas percibir, porque la verdad no se manifestará en credos, sino en la conducta.

La Verdad se manifiesta en el carácter, y el carácter de una persona debería ser la interpretación de su religión, o lo que para ella es la verdad, y ello, a su vez, quedará evidenciado en el carácter de sus posesiones. Si una persona se queja de que su fortuna va a la deriva, está siendo tan injusta consigo misma como si negara la verdad racional, aunque esto sea patente e irrefutable.

Nuestro entorno y las innumerables circunstancias y accidentes de nuestras vidas ya existen en la personalidad inconsciente que atrae hacia sí el material mental y físico que es compatible con su naturaleza. Así pues, nuestro futuro está determinado desde nuestro presente. Si hay alguna injusticia aparente en algún aspecto o fase de nuestra vida personal, debemos buscar la causa en nuestro interior e intentar descubrir la realidad mental que es responsable de la manifestación externa.

Ésta es la verdad que te hace «libre», y es el conocimiento consciente de esta verdad lo que te permitirá superar todas las dificultades.

Las condiciones con las que te encuentras en el mundo exterior son, invariablemente, el resultado de las condiciones conseguidas en el mundo interior. Por lo tanto, está probado con exactitud científica que, al mantener en la mente un ideal perfecto, puedes crear las condiciones ideales en tu entorno.

Si ves únicamente lo incompleto, lo imperfecto, lo relativo, lo limitado, esas condiciones se manifestarán en tu vida; pero si entrenas a tu mente a ver y ser consciente del ego espiritual, del «yo» que es siempre perfecto, está completo y es armonioso, entonces sólo se manifestarán condiciones sanas y saludables.

Puesto que el pensamiento es creativo y la verdad es el pensamiento más elevado y más perfecto que uno puede tener, es evidente que pensar la verdad es crear aquello que es verdad y, una vez más, es evidente que cuando la verdad cobra vida, lo falso debe dejar de existir.

La Mente Universal es la totalidad de todas las mentes que existen. El espíritu es Mente porque el espíritu es inteligente. Por lo tanto, estas palabras son sinónimos.

La dificultad a la que te tienes que enfrentar es darte cuenta de que la mente no es individual. Es omnipresente. Existe en todas partes. En otras palabras: no hay ningún lugar en el que no esté. Por lo tanto, es Universal.

Por lo general, hasta ahora la gente ha utilizado la palabra «Dios» para hablar de este principio Universal, creador; pero la palabra «Dios» no transmite el significado correcto. La mayoría de la gente entiende que esta palabra significa algo que está fuera de sí misma, cuando la realidad es exactamente lo contrario. Es nuestra vida misma. Sin él estaríamos muertos. Dejaríamos de existir. En cuanto el espíritu abandona el cuerpo, no somos nada. Por lo tanto, en realidad, lo único que somos es espíritu.

Ahora bien, la única actividad que posee el espíritu es el poder de pensar. Por lo tanto, el pensamiento debe ser creativo, porque el espíritu es creativo. Este poder creador es impersonal, y tu capacidad de pensar es tu capacidad de controlarlo y hacer uso de él para tu beneficio y el de otras personas.

Cuando tomes consciencia de la verdad de esta afirmación, cuando la comprendas y la aprecies, estarás en posesión de la Llave Maestra, pero recuerda que únicamente aquellas personas que son lo suficientemente inteligentes como para entender, lo suficientemente amplias como para sopesar la evidencia, lo suficientemente firmes para seguir su propio juicio y lo suficientemente fuertes como para realizar el sacrificio exigido, pueden entrar y participar.

Esta semana, intenta darte cuenta de que verdaderamente vives en un mundo maravilloso, de que eres un ser maravilloso y de que muchas personas están despertando a un conocimiento de la Verdad. Tan pronto como esas personas despiertan y llegan a un conocimiento de «las cosas que han sido preparadas para ellas», también se dan cuenta de que «los ojos no han visto, ni los oídos escuchado, ni han entrado en el corazón del hombre» los esplendores que existen para quienes se encuentran en la Tierra Prometida. Han cruzado el río del juzgar, han llegado al punto de discernimiento de lo verdadero y lo falso, y han descubierto que todo lo que alguna vez quisieron o desearon no era más que una vaga idea de la deslumbrante realidad.

Estudia las preguntas y sus respuestas

231. ¿De qué principio depende la teoría y la práctica de todos los sistemas de Metafísica que existen?

De un conocimiento de la «Verdad» acerca de ti y del mundo en el que vives.

232. ¿Cuál es la «Verdad» acerca de ti?

Que el verdadero «yo» o ego es espiritual y, por lo tanto, nunca puede ser menos que perfecto.

233. ¿Cuál es el método para eliminar cualquier forma de error?

Convencerte absolutamente de la «Verdad» acerca de la condición que deseas ver manifestada.

234. ¿Podemos hacer esto para los demás?

La Mente Universal en la que «vivimos, nos movemos y existimos» es una e indivisible. Por lo tanto, es tan posible ayudar a otras personas como ayudarnos a nosotros mismos.

235. ¿Qué es la Mente Universal?

La totalidad de todas las mentes que existen.

236. ¿Dónde está la Mente Universal?

La Mente Universal es omnipresente: está en todas partes. No hay ningún lugar en el que no esté. Por lo tanto, está dentro de nosotros. Es el «Mundo Interior». Es nuestro espíritu, nuestra vida.

237. ¿Cuál es la naturaleza de la Mente Universal?

Es espiritual y, en consecuencia, creativa. Busca expresarse en la forma.

238. ¿Cómo podemos influir en la Mente Universal?

Nuestra capacidad de pensar es nuestra capacidad de influir en la Mente Universal y traerla a la manifestación para nuestro beneficio o el de otras personas.

239. ¿Qué queremos decir con «pensar»?

Un pensamiento claro, decisivo, sereno, deliberado, sostenido, con un fin definido en vistas.

240. ¿Cuál será el resultado?

También podrás decir: «No soy yo quien hace las obras, sino el "Padre" que está en mi interior. Él hace las obras». Llegarás a saber que el «Padre» es la Mente Universal y que Él vive dentro de ti, realmente y verdaderamente. En otras palabras, llegarás a saber que las maravillosas promesas que se hacen en la Biblia son realidad, no son ficción, y pueden ser demostradas por cualquiera que tenga el entendimiento suficiente.

Índice

Prólogo...7

Capítulo 1...15
Capítulo 2...25
Capítulo 3...35
Capítulo 4...45
Capítulo 5...55
Capítulo 6...65
Capítulo 7...75
Capítulo 8...85
Capítulo 9...95
Capítulo 10...105
Capítulo 11...115
Capítulo 12...125
Capítulo 13...135
Capítulo 14...145
Capítulo 15...155
Capítulo 16...165
Capítulo 17...175
Capítulo 18...185
Capítulo 19...193
Capítlo 20 203
Capítlo 21 213
Capítulo 22...223
Capítulo 23...233
Capítulo 24...243